Let's dig in 開吃！

換上認識「地方」的第二口氣

總編輯
何欣潔

從當下的台灣視角出發，「地方」究竟意味著什麼？我想，我們換上第二口氣的時間已經到了。毫無疑問地，二〇二五年的「地方」，早已不是一個永恆不變、總是帶給人們安心與甜蜜的地方。

一本二〇二五年的地方雜誌，應該要有全球尺度的思考。我們比過去任何一個時候都需要Glocal這個單字。因為，如果當前有任何問題值得被稱為全球問題，問題必然來自於不同尺度的「地方」，在百年現代化過程中發生的種種斷裂。

人與人之間的斷裂、陸塊與陸塊之間的斷裂、島與島之間的斷裂，時間感的斷裂，城市空間被突兀的計畫造成紋理上的斷裂，一個小小多山的國家在彼此的山群之間發生斷裂。

從這些破口出發，種種的不安、騷動、衝突，甚至戰爭，便由此開始。只要找到歷史動力真正的來處與去處，就能找到我們真正的出路。

這宏大的夢想該以何處為起點？食物是一個適合的切面，同時也符合《地味手帖》的字義本旨：考察地方之味。在富有地味的一日三餐中，人們反覆確認自我與地方的關係，儘管有時親密，有時疏離。而生產這些地味所需的條件，並不總是溫暖怡人，有時也伴隨著外來者與現代性工程的冷冽。

舉例來說，改版後首期發刊的的主題是「冰品」，恰恰是這兩者的結合。伴隨著日本在台灣的統治與商業活動，我們擁有了現代的製冰系統，平民也能在夏天享受冰品的沁涼之味。

現如今，許多台灣小鎮、小村都擁有自己的獨門冰品，百年前，日本專家提倡的「文明飲冰」風氣，已經是每個角落都可見的風景；飲冰的空間，也如年輪般記錄著地方的點滴變遷。

因此，說一口地味的故事，不僅僅帶來感官上的愉快，也關乎地方身世的考掘。這數以萬計的「地方食誌」，是否可以在「地緣政治」之外另立典範，讓我們擁有另一種想像世界的方式？

先來打造一本可以吃的全球地方誌吧。先上路，重新認識地方，才能抵達未知的遠方。

地味手帖

可以吃的全球地方誌

Life Between the Lines

19
AUGUST
2025

Feature
地方滋味

小鎮的冰店

The Geography of Ice

目次 Contents

手工編織花器——苑裡吹來的一股藺草香

text =編輯部
photography = Sia Sia Lee
source =藺子

蘭草編織花器製作材料為台灣苑裡獨有的「三角藺」，收割後以日光曝曬約一星期，方可收存，需常常曝曬保持乾燥。藺草莖呈正三角形，具有外皮堅韌、纖維細緻、吸濕性強等特質。藺草日曬後，草色自然有光澤，氣味濃郁持久，可脫臭及驅蟲。

傳統的藺編為全手工作業，過程中依據析草的粗細及手勁強弱的差異，成品會有不同的細緻度。藺子以傳統分級為基礎，加上現有最細的等級，將藺編品依據細緻度分為粗編（經典款）、中編、細編與精編等四個等級。

編目的粗細以一台寸為單位（約 **3.03** 公分），以上草和下草交叉為一行，單位長度內行數愈多編紋愈細緻，工時愈長。Ⓖ

Origin 苗栗苑裡
Material 藺草
Price 2,480 元
Stockist 藺子

People
來自地方的你

李毅誠

十八歲以前，伸港就是我的全世界

綽號逞誠，一九八五年出生，彰化伸港人，中央大學中文系畢業。二〇一五年，與弟弟李偉聖、何勁旻等夥伴一起創辦「吃吃便當」。二〇二〇年與好友張家倫創辦 Podcast 節目《台灣通勤第一品牌》（後加入何勁旻），三人共同主持。

十八歲北上求學前，李毅誠在家鄉彰化伸港度過了童年與青少年的時光，他成長的歲月，正是台灣經濟高速起飛的時期，所有人一起被捲入了「由農轉工」的大潮中。雖然家中經濟環境起起伏伏，然而家鄉給足了安全感，讓他長成了現在這個、許許多多台通聽眾們喜愛的模樣。

text = 何欣潔　photography = Ernie Chang

「台通到底在紅什麼？不就是聊天嗎？」台通，《台灣通勤第一品牌》的簡稱，台灣最熱門且具有影響力的Podcast節目之一。然而許多還無法領略台通魅力的人，都會這樣問。

二〇二五年五月底，我們跟著台通創辦人兼主持人李毅誠回彰化伸港老家一趟。在採訪回程的路上，我找到了一個可能的答案。

「我覺得，台通的魅力可能來自伸港。伸港帶給你的感覺，那份自信跟穩定，讓大家覺得舒服、安全，這是大家想聽你們說話的祕密。」李毅誠聽了不置可否，但聊著聊著，在列車高速駛進台北城前，他又突然冒出一句：「對啊，我覺得我沒有要變成台北人，但我也不覺得自己要回伸港。」他進一步補充：「我就是要來台北，過一種李毅誠的生活。我不是來台北，過台北人的生活。」

那份奇異的自信感

李毅誠的爸媽都是彰化伸港人，他從小生長在此，十八歲北上求學。伸港位於台灣中部，是一個農、工、畜牧業混合的小鎮。西臨台灣海峽，與台中市區車程只要半小時。雖是鄉村地區，但人口密度之高，在

台灣鄉鎮中名列前茅。

李家現在居住的房子，是經典的鄉下透天厝。前院可以停放汽車，家中鋪滿冰涼潔淨的磁磚。不過，在公視《誰來晚餐》跟訪李毅誠的節目中，可以看到李家還是居住在一間低矮而簡陋的三合院。

採訪那天，李毅誠騎著摩托車載我，從改建後的新住宅區出發，一路騎進老聚落區。他告訴我，那間三合院，是他們家負債時住的地方，「超便宜，房租一個月兩千塊。房子裡沒有衛浴，要到旁邊阿祖家用。旁邊的廟蓋好以後，就去廟裡面上廁所。」

李毅誠今年四十歲，他成長的歲月，正是台灣經濟高速起飛的時期，所有人一起被捲入了「由農轉工」的大潮中。

在這段工業化的過程裡，有人冒險完成階級跨越，卻也有人失足跌落債務深谷，許多家庭因為經商失敗而遭遇殘酷打擊、分崩離析。然而，李毅誠的精神世界幾乎毫髮無傷。甚至在講起這些落魄故事時，依然保有那份奇異的自信感。

「我大學暑假找朋友要來我家玩，我跟他說我們家真的很窮喔！我覺得他也沒有不信，就是很難想像，直到真的進來，他還是有點嚇到，原來台灣還

1｜2｜3｜4

1／伸港充滿「包覆感」的聚落小路，是李毅誠從小生長的空間。
2｜3｜4／伸港福安宮的庭園裡，藏著一隻謎樣的雷龍。

有人這麼窮。窮到房子裡面連廁所都沒有。」

李家兄妹不以為意。他們三個人約好，還是要帶朋友回家，不介意朋友看見家裡的困窘。而誠爸誠媽的穩定感，也不遑多讓。在提起這段過往的時候，兩老說，「我們家是欠錢，但我們也沒有跑路啊！上千萬債務，我就在這裡慢慢還嘛。」

帶著莫名的驕傲

導致他們家負債的原因，是因為家裡經營的紡織工廠倒閉。一九六〇年代開始，伸港與鄰近的和美、社頭，成為中台灣的巨型紡織聚落。這個大聚落，不是由少數大企業所主導，而是數萬個像李家一樣的小家庭，集資在農地上蓋工廠、購買機器、日夜工作，生產各式紡織製品給全世界。

李家生產的是織帶，且只生產純白織帶。他們回憶，在九〇年代初期，只要產品做出來，馬上有人收購，賣往世界各地，銷路無虞。

紡織業與其他早期輕工業，讓伸港的地景呈現農工混合的面貌。伸港原本土產的洋蔥、蒜頭、稻米，依然在土地上強韌地生產著，一旁就是鐵皮搭建的工廠。李毅誠回憶，在九〇年代，伸港畜牧業也相當蓬勃，讓這裡的空氣中充滿了奇異而難以言喻的味道。

「像這條河，我小學時候有一天，這邊卡了一隻死豬，」李毅誠饒富興味地跟我們回憶，「每天放學經過，就會撿石頭起來丟它，屍體裡一堆蒼蠅就飛起來，幹，超好玩的。」

不同於同齡人談起「農村回憶」甜蜜純淨的風格，講起這些與工業地景（甚至污染）共同生活的回憶，李毅誠竟還帶著莫名的驕傲，例如：「那間以前做金紙的，每次下雨天，紅色染料就會排進水溝裡，整個河都變粉紅色。那時候只覺得，還滿帥的。」或是：「以前第一次在課本上認識到和美、伸港這一帶有鎘米，所以我們是台灣的鎘米之鄉。」

他還帶我們去參訪伸港福安宮，不只因為它是地方信仰中心，還因為後院的仿江南奇石庭園中，安放了一隻九〇年代風格的綠色雷龍雕塑，已在此地屹立三十多年。一看到恐龍，李毅誠就興奮地爬上龍背，從尾巴上溜下來。

伸港之於李毅誠，是一個充滿安全感的地方。他用一個字形容伸港聚落給他的感覺：「包覆」，「以前從我家上學，走路是可以完全不用經過大馬路的。用今天的話來說，他是一個通學步道。」

這份安全感，以及藏在聚落內的左鄰右舍、社區網絡，支撐了李家走過負債風暴。

或許是倖存者偏差

時間回到一九九〇年代晚期，改革開放後的中國，取代了台灣作為世界工廠的地位。這時，原本是「買家」的業者，開始向台灣紡織人招手，希望他們可以指導機器使用的方式、規劃生產流程，甚至一起留下來創業。

李家爸媽便曾經接獲邀請，

1／逞誠當年拿石頭丟死豬，就在這座橋上。 2／伸港崙仔頂永安宮，今年逞誠被神明指定擔任朝方副主委。 3／申港福安宮是當地大型的信仰中心 4／阿嬤、李爸、李媽與逞誠。

到後來被稱為「世界小商品之都」的浙江義烏，教當地工廠經營者如何使用紡織機器。教完之後，就被問「要不要留下來一起做？」面對來自義烏的邀約，李家爸媽沒有猶豫：「沒想過要去。我就台灣人，不知道去那邊要幹嘛。」

不過，留在原地的人，依然很快面對產業退潮、外移的窘境，破產危機就像俄羅斯轉盤，不知道今天會對誰發射子彈。有一天，輪到了李家。自九〇年代末期開始負債，直到近十年來，李家才慢慢還清債務。

「我知道很多像我這樣的鄉下小孩在發展過程裡面受傷、沒有得到好的照顧，」李毅誠說，「但我沒有。我沒有因為污染而生病，也沒有因為負債，就讓我們失去對自己的自信。」

然而，他也清楚知道，自己的完好，來自於幸運。「我是倖存者偏差。我沒有受傷害，不代表別人沒有。不過，確實我們這種人，也是存在的。」

除了幸運之外，伸港的「剛剛好」，或許也是養育了李毅誠的祕密。離開伸港時，我有一個強烈的感覺：伸港在工業化過程中，發展的「平均速度」，應該大致貼近大時代的均速。剛剛好包覆住一些幸運的孩子，在此生長。

如果區域發展落後大時代太多，整個家庭與孩子都會因貧窮而落入不利處境；但「發展得太快，有些人有錢、有些人沒錢，親戚朋友的關係可能就不會這麼好；有人落難、需要錢的時候，互相幫助的人際關係網也不會那麼完整。」

「是真的滿有安全感的。」李毅誠突然從機車前座跟我說，「你知道嗎，我長大以後知道有些夜市是天天都有開的，還滿驚訝的。因為我們伸港的是一週只有一天。我連世界上有天天開的夜市都不知道，因為在我十八歲以前，伸港就是我的全世界。」P

1 2 3 4

People 現居地方的你

Apyang Imiq

返鄉辛苦，但很浪漫

漢名程廷，太魯閣族，生長在花蓮縣萬榮鄉支亞干部落。畢業於台灣大學建築與城鄉研究所，現任社區發展協會理事、阿改玩生活負責人。曾任部落簡易自來水委員會總幹事、部落會議幹部、部落旅遊體驗公司負責人。

十年前，Apyang 從台北回到故鄉花蓮，在萬榮的支亞干部落建立起新的生活。他開始學族語、種小米、打獵、搭工寮、學編織，參與社區田野調查工作、創立旅遊體驗公司，這一切，用他自己的話，「辛苦，但很浪漫啊！」

text＝張慧慧　photography＝劉璧慈

初夏午後，清水溪的水聲尚未抵達只容一人步行的窄仄山徑，Apyang Imiq（程廷）已經開始描述溪的模樣。他走在前頭，踩著夾腳拖的腳步輕盈，一邊撥開及膝的颱風草、彎腰鑽過前日被暴雨衝倒的矮木，一邊說：「每年暑假，我們一群小孩每天自己走長長的山路來這裡報到。」

走下河堤前，他點上三支菸，跟祖靈打招呼，帶著我們攀過乾涸鋪滿巨石的河谷走到「第二關」，這裡是他童年時學會游泳的地方。太魯閣族人稱清水溪為「Yayung Qicing」，Yayung 是河流，Qicing 是太陽照不到之地，族人們用身體感官為這片有山林遮蔭的銀灰色河谷命名，孩子們則用遊戲闖關的方式記憶他們的夏日遊憩勝地。

「好美啊！」Apyang 從未踏進同一條 Yayung Qicing 兩次，眼睛裡帶著彷彿初來乍到、滿出來的喜歡與驚奇，「很奇怪吼？我每天在這裡，怎麼還是覺得這麼美！」

回到深邃的河谷

約莫在十年前，Apyang 回到花蓮縣萬榮鄉支亞干部落。問他理由，他雲淡風輕：「我就覺得想要，是自然而然。」

「支亞干」音譯自太魯閣語「Giyakang」，意為深邃的河谷，此處還有一個古老的名字「Rangal Qhuni」打開的樹洞，源於部落裡的支亞干溪上游幽閉曲折，綿延至靠近部落所在的溪口，河道頓時開闊，陽光拂照，彷彿深邃洞穴被打開。這些年，Apyang 走回樹洞，進入支亞干，學族語、種小米、打獵、搭工寮、學編織，參與社區發展協會田野調查工作，創立「阿改玩生活」旅遊體驗公司，以《我長在打開的樹洞》（二〇二一）給家鄉的炙熱情書，於太魯閣語與中文之間自在橫跳，獲該年度台灣文學獎・蓓蕾獎、OPENBOOK 好書獎。

讓人意外的是，母語文化看似深入骨髓的 Apyang，卻如八、九〇年代多數部落長大的孩子，被忙於生計的務實父母放養長大，小學六年只上過一堂族語課，部落沒有在少年時期的他身上留下太多痕跡。高中畢業後，他還沒想過自己想成為什麼樣的人、過什麼樣的生活，只是順理成章地往大都市、好學校走，相信智慧在他方，必須遠赴取經，沒料到政大民族系、台大城鄉所等學院訓練為他指向一條回家的路。

Apyang 認為在台北的十年是學習的歷程。但該學什麼，才能轉變自身？他在民族學中學習田野調查的方法，在城鄉所則鍛鍊出盤整社區營造繁雜事務的核心。這些訓練，都是為了讓他更靠近自己的部落、自己的家，但理論與身體經驗相距甚遠。他還記得，大學時班上一位泰雅族同學，族語流暢得不得了，「我嚇一跳，明明大家年紀一樣，但我們的落差這麼大。」他苦於找不到自己的語言描述世界，「那時候就覺得，如果有機會的話，很想要再回去認識自己的家鄉。」

他的碩士論文以支亞干部落為研究對象，摸索近代太魯閣族部落空間變遷，他拜訪部落

1 | 2　1／清水溪畔。　2／Apyang 與他的田。

耆老想回顧、梳整家鄉的故事，卻面臨語言不通的失語窘境，只好求助學長翻譯。從那時起，他有意識地一字一句學習族語，鋪展回家的路，先是接下政大民族系教授的科技部計畫研究助理，「我是有預謀的！」如他預期，同一計畫在東華大學開缺，他旋即請調回花蓮，此後密集參與支亞干社區發展協會的文史調查工作。

對部落的研究走向經驗與實證，知識從土地中開展出身體，他在每日的行動、觀察、描述與再現中，找到了自己的語言。

一個說到做到的人

Apyang在《我長在打開的樹洞》寫自己的部落，訴說日常周遭的植物、自己的家、自己愛的人，那種誠實與熱烈，完全是陽光底下的感覺。

但在部落的日子並非毫無陰影，他不諱言說出口前的糾結與黑暗，「剛返鄉的前幾年，我不可能去跟家人講，因為教會與傳統文化的關係，不可能公開。」在個人、家族、公共性緊密交織的部落社群中，說不出口的是性向。他回憶，二〇一八年台灣同婚公投時，「部落很多人都在發傳單，要你投下同意票，也有人直接給我傳單，我表面上說『好好好』

1／圖中央的天頂區是阿改玩生活據點，就位於 Yayung Qicing 清水溪旁。
2／Apyang 跟爸爸一起蓋的雞寮，就位在阿改玩生活旁邊，之後會交給爸爸管理。阿改旁有雞寮也有他返鄉耕種的田地，目前有種小米、紅藜、樹薯、龍葵、洛神等等。

收起來，回頭就把它撕掉了。」他有些咬牙切齒地說起那些傳單、那次充斥排擠與歧視的公投結果，「從那時候開始，幾乎能講的，我就會講。」

父母從最開始的否認、憤怒，到現在坦然接受，是他透過不斷地溝通與實踐換來的，「我不再只是在地方學習知識與文化，也想用自己舒服的方式持續在這裡生活。如果這個地方不能變成我住起來舒服的地方，年輕人也不可能願意留下來啊。」

今年九月，他即將出版短篇小說集《大腿山》，從各種性與性別的多元樣貌，反思欲望、自由、性別、認同與權力關係，「我覺得談性是很自然的，可以看出社群的關係。」這本書斷斷續續寫了三、四年，許多故事是基於現實的轉譯。書名取自太魯閣語中人體與山體的映照關係，「Btriq」意指山的底部，也指人的大腿，「我好像沒有辦法離開這個地方創作。」

他說，喜歡是做出來的，「如果可以讓地方產生一些改變，我滿願意做的。」進入支亞干，他對於自己是誰、相信的事情、堅守的價值，都更加明確。「我不會因為跟我的想法不一致，就想要離開，我把它視為常態，在能力範圍之內，做自己可以做的事。」

他不再只是文化的學徒，也逐漸成為部落的參與者與榜樣，包含整合返鄉後的田野經驗，創立「阿改玩生活」規劃六條部落體驗路線，包含與當地族人、花蓮縣考古博物館及成功大學考古學研究所合作規劃的「支亞干遺址」走讀，不只帶領遊客體驗支亞干的過去與現在，未來也將串聯更多不同部落的青年創生地方，「有滿多年輕人私下跟我說，他們是看到了阿改，覺得很羨慕，也觸動他們可以回部落，多做一些事情。」

「當我覺得一件事情很有趣，也很有意義，我不會輕易放過。要一直做，不能做一次受挫就不做了，要一直做下去。」部落有太多眼睛，名聲得自己掙來，他驕傲地笑著說：「如果你去部落裡面問：Apyang是一個怎樣的人？他應該會說：『他是一個說到做到的人。』」

在地方建立歸屬

歸屬也是做出來的，Apyang說起三石灶（rqda）的故事。

每回帶旅人走進部落，他總會介紹三顆不起眼的石頭。太魯閣族以小家庭為核心，當孩子長大，父母會協助他找到土地，搬出家門，立下三石灶，開始自己的生活。三石灶象徵父、母、孩子，不只是炊事結構，是家庭、流動社會的縮影，也是一種關係的記憶。過去，獵人如果在山中找不到食物，可以去別人家的三石灶挖掘，其中可能藏著前一位獵人煙燻好的肉，用葉子包裹、埋在灰燼下。獵人吃下後，補足體力，再去打獵，把肉重新埋回原位。這樣的共享機制，支撐山林裡的互助信任，「這是一個相互幫忙的循環。」

獵人互助的故事，是一位部落姐姐告訴Apyang的，這也是她幾年前過世的父親向她訴說的故事，如今又透過Apyang傳遞。記憶與關係像是埋在灶下的肉，要有人翻土、吃下、交換，才能延續，就像Apyang田裡的五十顆洛神。

去年他訪談地方店家時，一位隔壁部落哥哥聽說他喜歡洛神，今年主動培了五十棵苗送來，只說了一句：「你種下去，留給我一棵。」這樣的交換，讓彼此的生命產生交集與連結。Apyang說，如果是剛回來的時候，他不會懂——不懂這不是送禮，而是「共享」，是在地方建立歸屬，參與時間更長、關係更厚的生命情誼。

「這樣的歸屬感，是一來一往的過程。」Apyang說，這是gaya（註①）傳遞的智慧。

建立存在的價值

他鑽進支亞干愈來愈多的迴圈裡，各種日常細瑣的物事，讓他對所在的地方更好奇、更敏感、更有反應。

他興致勃勃地說起部落裡常見的血桐。原先，他對血桐葉的認識僅止於包裹食物的用途，「但我最近開始想：我一直在這裡，血桐也一直在這裡，它在不同的季節有變化，比方我有一次看到蝸牛在吃它的嫩

Apyang 返鄉成立「阿改玩生活」與支亞干青年創生地方，規劃部落旅行體驗。

葉，還有一次看到小花蔓澤蘭攀附它，衝破它的葉子。我就覺得……原來我還有很多不知道的事情！」

這些流動的日常，讓他感到快樂、富足，「那些小小的變化，都讓我反思過去怎麼這麼淺薄？我是在持續做的過程中，建立自己存在的價值。」

有人說，返鄉是一種浪漫的理想主義。Apyang 同意，「前提是你有一個標準的、所謂『舒服的人生』是怎麼過的。」而他的「舒服」並不建立在一個方便的世界，「在這裡，沒有模板，我們得不斷自己去嘗試。我們從小被教育所謂『好的東西』的樣貌，但你打破它，你找到其它可能，走到另一個地方。辛苦，但很浪漫啊！」

我想起那株長在 Yayung Qicing 岸邊的黃藤。那時，Apyang 指著長滿刺的莖葉，眉眼飛揚地說起部落裡的一位 baki（註②）。有一回，Apyang 與一群年輕人配戴粗繩、結了竹竿的長柄彎刀與直刀，跟著 baki 上山採藤。眾人鎖定目標，清除障礙物，合力拉扯，揮灑汗水，彷彿與黃藤拔河。刷地一聲，粗壯的莖幹從天而降，把 baki 打得滿頭血痕。眾人手足無措之際，baki 卻咧嘴大笑。

他大聲地宣告：「不要管我！我很開心！」Ⓟ

① gaya 在太魯閣族的語義中，包含祖訓、傳統規範、戒律與禁忌等。
② baki 為太魯閣語的男性長輩、耆老之意。

蔡得黃——
想念一個自由浪漫的靈魂

text = 吳音寧
photo = 蔡得黃臉書

今天（編按：二〇二五年四月二十六日），我和四面八方的朋友們，來到雲林縣水林鄉，參加蔡得黃（蔡刀）大哥的追思禮拜，想念一個自由浪漫的靈魂。

蔡刀大哥是台灣農村陣線（以下簡稱「農陣」）多年的夥伴。他原本從事有線電視業務，是一位替員工爭取福利的好主管。年近五十時，生命如河流般轉了個彎，竟轉而務農。

起初他採慣行農法，但因在田間目睹農藥中毒死亡的鳥類，便改投入友善土地的耕作。他參與雜糧復耕計畫，並和在地農友成立「水賊林友善土地組合」、「土香小農店鋪」等，十多年來，他所在之處，都是友善產業及土地正義運動的重要據點。

每每有人前往參訪、學習，蔡刀大哥都熱忱招待。尤其，他個性溫暖、爽朗，不只提攜年輕人，更平等對待小孩，令許多人難忘。

他戴著頭巾，揹著小冰箱的高大身影，在每次聚會出現時，總見他從小冰箱裡拿出啤酒與海鮮，請大家吃，手沖咖啡，給大家喝。多年來大家都習以為常，但如今回想起來，那分享是多麼美好的事！

務農的蔡刀大哥，不只務農。他騎腳踏車四處探索，騎重機「勇闖天涯」（那是他開過的體育用品社的店名）；他對食物，有獨到的品味，我記得他愛溪州的糯米腸，會到美濃買油蔥酥，常到東港挑選野生的海產；他喜歡音樂，不只聽歌劇、民謠、南管、重金屬搖滾樂，更會彈吉他唱歌；他參加讀書會，不只大量閱讀書籍，更規劃執行各式活動；他熱愛戶外活動，不只上山、下海、浮潛、露營、爬山，還曾帶妻女自駕，遊歐洲三十八天。

我記得有一年，農陣要到美濃聚會，群組裡聊起交通方式，蔡刀大哥說他要騎重機去，問我要不要坐？他也許是開玩笑問的，沒想到我居然說好啊。

從雲林騎到高雄，沿途我全神貫注地坐在重機後座，緊繃地注視著前方，聽任風聲呼嘯而過。那是我人生第一次，我想也會是最後一次坐重機。

如今回想起來，當時為何一口答應，除了有些「憨膽」，最主要應該是對蔡刀大哥的信任。信任這位可以如風般飆速，卻又穩健踏實的大哥。

記憶中還有一次，中秋節夜晚，蔡刀大哥來溪州我家的院子裡烤肉。家裡的幾隻狗，因搶食突然打起架來，場面有點瘋狂。我急慌了，但他鎮定且貌似輕鬆的拿起椅子一架，立刻鎮住互咬的狗們。那時我在心中讚嘆，太強了，簡直，甚麼都會。

誰也沒料到，他的生命像一首歡快行進中的歌，卻在前陣子某天，他和老婆慧玲姐聊天時，突然感到轟然耳鳴後，歌，就不唱了。

蔡刀大哥，不再自己唱歌了。但他留給大家的記憶，正像一首首歌，在人們的追想中，不停的繚繞著。Ⓟ

蔡得黃 1963-2025

雲林北港人。參與台灣本土雜糧復耕計畫，台灣農村陣線成員，與夥伴共同成立「水賊林友善土地組合」、「土香小農店鋪」等農民組織。

Feature
地方滋味

小鎮的冰店

The Geography of Ice

冰品是台灣盛夏最常見的庶民小吃之一，不管是再小的鄉鎮，也都會有一間冰店、一個賣冰的攤車，或者至少至少，有間兼賣著枝仔冰、雞蛋冰的柑仔店。

就如同台南鹽水的銀鋒冰果室、高雄旗山的常美冰店、新北馬崗的阿萬柑仔店……小鎮的冰店是台灣常民生活的地標，連結了人們與在地的情感與回憶，也見證了地方的興衰與世代變化。這期編輯部拜訪了上述三地的冰店，同時找來《地味》的地方好朋友們助陣，希望能以不同的視角，認識這些地方的過去、現在與未來。

photography = Kris Kang

History

甜蜜進化論

text＝林阿炮
illustration＝rosa.lee.tw

俗諺有云：「日頭赤焱焱，隨人顧性命。」但在台灣猶如蒸籠的溽暑裡，庶民大眾要想自我救贖，除了冷氣空調，絕對還是那一口透心涼的冰品。

故鄉小鎮有糖廠，五分車載運甘蔗瀰漫的甜香氣息至今難忘，而糖廠冰品部的生意則始終興旺。兒時酷暑，父母總會帶著小孩去挑選冰棒，我們在冷凍櫃裡翻找的口味是鳳梨和百香果，母親則偏愛健素（現稱「酵素」）——但那太過「營養」的味道教人退避三舍。後來又有桂圓口味的米糕冰棒，或以餅乾夾裹的冰淇淋三明治出現，我總央求多帶幾個回家。糖廠冰棒的原料扎實素樸，質地偏硬，大人們以啃嚙的方式品嚐，彷彿那是成熟的標記；小朋友則非要舔個老半天，舔到雙手流淌黏膩方肯罷休。

糖廠會賣冰，可謂順理成章，畢竟其中的重要原料「糖」為自家所產。這些乾淨衛生的冰品在早期是專屬內部職工的福利，爾後才對外販售。但話說回來，冰品最重要的物質基礎「冰」，又是如何而來？尤其台灣位處亞熱帶，「冰」的產製與保存皆非易事。

日治以前少有冰

世界各地都有古代用冰、吃冰的文獻紀錄，當時的冰幾乎都是天然冰，亦即將嚴寒冬季凍結的冰塊，透過各種方式（放入地窖、鋪上稻糠木屑）保存至夏日使用，其耗費的人力、物力及時間成本可想而知。因此吃冰在古代是王公貴族的享受，平民百姓難以企及，日本作家茂呂美耶便曾生動描述，平安時代的清少納言在《枕草子》中，將澆淋甘葛的碎冰列為「優美且上品的東西」，而將果物列為「打發無聊的東西」，可見在當時碎冰比甜點還要貴重。

人造冰／機器製冰普及化，要從「冰箱之父」Jacob Perkins說起，他於一八三四年發明在封閉循環過程中使用乙醚的蒸氣壓縮製冷系統，日後有人在其原理上打造製冰機；日本在一八八三年引入該種機器，開啟了製冰時代。

台灣在日治以前少有冰可食，連橫一九二〇年出版的《臺灣通史》便記載「三十年前無賣冰者，夏時僅啜仙草與愛玉凍。」一八九五之交，當時台灣冰塊尚由日本或香港輸入，一斤約七十五錢；該時台灣總督樺山資紀曾罹患瘧疾，還由長崎輸入陸軍的冰塊以助治療。而台灣製冰之始，有人稱是一八九六年李春生與英國商人賀禮那在大稻埕建造製冰廠，也有人認為是一八九七年「臺灣製冰株式會社」在枋寮街（今新北市中和區）設立製冰工場，當時的批發價約為一斤十三厘，價格已降低許多。

台灣製冰最初目的並非食用，而是為了漁業保鮮和醫療用途。但由於夏季苦熱，在台日人尤為不適，故有將冰塊製成冰品之舉。一八九八年的《臺灣日日新報》即報導「臺島地方前無設立製冰，而本地人民亦未嘗有食者，迨去年間有內地人創設製冰會社，所有購食者居多內地人，而臺人或因人口齒浮，或恐性質過涼，大多不敢購食，至本年來臺人漸次習慣，食之者眾。」而至一九〇二年，台北河畔的賣冰小屋已是星羅棋布，入夜時萬

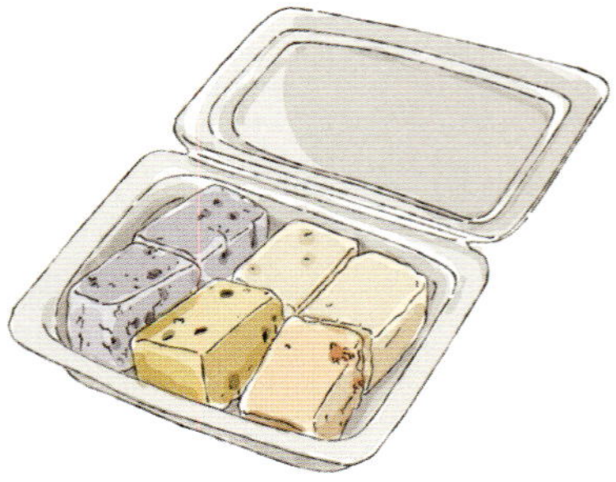

千燈火，一派絕佳的納涼景色。

其後近代製冰技術的引進，開啟台灣冰品的歷史。從最初簡單的碎冰糖水，民眾商家想方設法加入各種配料，以至於在冰體成分、凍結甚至食用口感上進行諸多改良變化，使得冰品的風味愈發豐盛多元。

夏日飛舞的雪花

剉冰是刨冰的俗寫，台語正字則為礤冰。最初它是以刨刀、鑿刀切削冰塊製作，這種純人力「礤」的冰屑顆粒較粗，咀嚼時有微小暴力的爽快脆感，如今仍有不少人懷念；而手搖剉冰機約在一九三〇年代被發明，自此製造夏日雪花比較省力且質地細緻。

早期剉冰的口味單純，在冰上澆淋香蕉油和糖水即成。所謂香蕉油指的是乙酸異戊酯，稀釋時有香蕉、水梨的香氣，將它添加於剉冰中而不加其他配料者，稱為清冰或香蕉（清）冰，是台灣剉冰的原型。

但這種單純的美好肯定滿足不了台灣民眾對於「澎湃」的熱愛，因此傳統點心如仙草、愛玉、蓮子、粉粿會被加入剉冰中；熬煮豆類、地瓜芋頭或各式蜜餞被加進去；台灣盛產水果，甜美的當令鮮果當然也會被擺入；到了現代像布丁、椰果等加工品，亦被納入壯盛軍容的行列。而除了配料外，澆淋於剉冰的也不僅止糖水，煉乳便是許多人的心頭好，另外像巧克力醬、烏梅醬、桑葚醬也各有擁護者。尤有甚者，商人還將腦筋動到冰塊本體上，把糖水與牛奶、果汁凍成有味道的冰磚，再刨削食用即是所謂的綿綿冰。

有趣的是，除了配料、冰體之外，竟還有人是在攪拌上下工夫，基隆知名的泡泡冰據說便來自老闆的好意，先幫客人將刨冰與配料「抐作夥」而發明。至於為何叫泡泡冰？維基百科的解釋是店家在製作時，攪拌的動作猶如「泡牛奶」，但此說實不足信，否則為何不喚作「泡冰」或「泡奶冰」？而知名的「遠東泡泡冰」則指出，配料與冰花快速攪拌後會使口感綿密、體積膨脹，如同吹泡泡，方得此名。

指尖的沁涼

枝仔冰又稱冰枝即是冰棒，顧名思義就是插入木棍或竹條的冰品，能夠手持食用。枝仔冰的起源眾說紛紜，最普遍說法是由一九二六年高雄旗山的鄭城發明，他以長型鋁管裝入砂糖水，中間插入竹枝，然後在鋁管外塞碎冰並灑鹽加速冷凍，待糖水結凍後將鋁管取出浸泡於水，即可輕鬆拔出枝仔冰。他後來開設「鄭城冰枝屋」，最盛時期的夏日清晨總有百多輛腳踏車在店外等候，搶著向他批發冰枝好販賣。

到了戰後，枝仔冰朝向規模化、商業化發展，「小美」從日本引進機器，是第一家成立的冰棒工廠。

緊接著一九五〇年代後期「福樂」、「頂好」和「百樂」等公司陸續加入，以及前述國營事業如台糖、台電的職工福利社冰品部也販賣冰棒，市場競爭日趨激烈，各家廠商紛紛在口味上創新，開始推出巧克力及各式果汁口味；爾後，雖然形制上也算「冰棒」，但乳脂含量高的雪糕問世，其口感較傳統冰枝來得柔軟，大受消費者歡迎。

另外，戰後民間其實還流行一種現已少見、可謂枝仔冰延伸版的雞蛋冰。其口味與雞蛋無關，而是因為狀如雞蛋，早期以兩片鋁殼套合而成，後來也有塑膠版本；在其中注入果汁，以橡皮塞封口，加以冷凍。取用時稍微浸水以利脫模，拔開橡皮塞後插入一根竹籤，即可手持品嚐。

香滑的奶油雲朵

冰淇淋（ice cream，アイスクリーム）源於歐美，似乎是很洋派的食物，但一八九八年的大稻埕即有生產；一九一一年《臺灣日日新報》更報導艋舺和大稻埕的冰淇淋營業者高達五百人，可見已相當普及。當時冰淇淋的主要成分為牛奶與雞蛋，攤販招牌上經常寫有「（雞）卵冰」字樣，但其與前述戰後的雞蛋冰實為不同之物。當然，乳脂含量高、香醇柔軟的進口冰淇淋，仍是要在高級喫茶店才品嚐得到；當時總督府的晚宴上也曾出現巧克力、杏仁冰淇淋，而《黃旺成先生日記》、《吳新榮日記》中都有品嚐冰淇淋的記事。

日治結束政權移轉，縱使歷經戰爭，一些知名的冰淇淋品牌在戰後初期即已建立，包括使用上海國際飯店遷台機器、現已歇業的「白熊」，以蠟紙杯裝盛冰淇淋、走大眾化銷售路線的「小美」，以及發明各種「怪」口味如辣椒、肉鬆、麻油雞的「雪王」。爾後，一些奶品乳業公司在既有基礎上，紛紛加入冰淇淋戰局；一九八〇年代後更有國際連鎖品牌如双聖、31冰淇淋、Häagen-Dazs陸續進入台灣，冰淇淋口味出現多元化也標準化的現象，例如薄荷巧克力、蘭姆葡萄、添加餅乾或抹茶，幾乎已成冰櫃中的「定番」。

冰淇淋由水、空氣及固形物組成，所謂「固形物」經常指的是奶、油、糖等原料，代表的是冰淇淋的口感、綿密與滑順程度。但其實台灣民間長期存在一種獨特的「冰淇淋」，其未摻牛奶或油脂，口感仍能綿密滑順，由於販售者經常拿著橡皮喇叭發出叭噗聲，因此被稱為「叭噗（冰）」，也由於芋頭口味最經典，亦被叫做「芋冰」。

「叭噗」之所以能夠滑順，

是因為在製造過程中添加澱粉（樹薯粉、太白粉），而能抑制冰晶、減緩融化，即類似勾芡的效果。「叭噗」的口味除了芋頭，還有花豆、花生、酸梅、百香果等，幾乎都是台灣傳統食材。宜蘭知名的花生捲冰淇淋，在刨下花生糖後所擺上的其實就是「叭噗」，這道甜點曾經兩度登上國宴。

國際化與精緻化

細數台灣的冰品歷史，不過百餘年，但吃冰一事早已深入普羅大眾的尋常生活，這由日治時期出現「第一賣冰，第二做醫生」的俗諺，或戰後冰果室曾是重要社交場所（約會、講事、相親），皆可見一斑。

此外還有兩個重要的「里程碑」值得一提，其象徵台灣冰品的國際化與精緻化：一是一九九七年永康街的「冰館」推出芒果冰，將新鮮的芒果切塊，大量擺置於剉冰上，澆淋芒果醬再覆蓋芒果雪酪，如此豐盛、吃得到新鮮芒果而裡外盡是濃郁果香的冰品，立刻風靡國內外觀光客，並在台灣大街小巷引發流行仿效。爾後芒果冰還被《CNN》推薦為全球十大必吃甜品，成為國際上最知名的台灣食物之一。

另一是二〇二四年台中的「MINIMAL」成為全球首家米其林星級冰淇淋店，其以Fine Dining的形式呈現冰品，透過溫差改變人們對於冰淇淋的既定印象。冰品以往多是餐後甜點，但「MINIMAL」希望它也能夠成為盤中主餐，這使得冰品逐漸提升到冰套餐、冰料理的層次。

從人造冰到台灣之光，小小的一口冰其實濃縮了百年台灣史。不僅能驅散夏日的炎熱，更能品嚐到這座島嶼的豐富物產、多元文化，以及製冰者的求新求變與民眾對於美好生活的不斷追求。F

新北
馬崗

Magang

新北馬崗．阿萬柑仔店
守住漁村文化，在海邊啜飲一口石花凍

阿萬柑仔店**江榮豐**：「我們這裡就是要慢慢來，急不得。」
馬崗好朋友：「一個對社會議題感興趣的創作者，可以為地方做些什麼？」
店

text＝陳承璋
photography＝林科呈

阿萬柑仔店 江榮豐 ╳ 馬崗好朋友

陽光透過層層雲朵灑在湛藍的海面上，正值退潮時分的馬崗海岸露出大片嶙峋礁岩，潮池裡倒映著天空的藍。在這片美麗的海景第一排，一間樸實的柑仔店靜靜佇立，店門口的冰櫃裡整齊擺放著石花凍、雞蛋冰，遊客們坐在店旁的涼亭，一邊品嚐三十五元一瓶的石花凍，一邊眺望著無垠的海，享受這份難得的寧靜。

這裡是阿萬柑仔店，台灣本島最東端馬崗漁村裡最有歷史的雜貨店，也是這個偏遠漁村重要的生活補給站。除了日常用得上的各種雜貨、食品，這間店也像早期台灣的柑仔店一樣，兼任著村子裡販售冰品的角色。炎熱的午後，走進柑仔店買支冰，然後站在店門口迫不及待地吃起來，相信是許多人的童年回憶。

阿萬柑仔店有著特殊的歷史意義。「馬崗以前有三間雜貨店，最後只剩我們這間，」江榮豐回憶道：「現在都關了，人口也愈來愈少。」這間店原本是他叔叔阿萬開設的，隨著人口外移和店家歇業，最後由江榮豐接手經營，成為馬崗唯一的柑仔店，承載著居民幾代人的生活記憶。

馬崗是個質樸的小漁村，從過去的數百位居民到現在只剩不到一百人。由於沒有超商，也缺乏其他生活機能，無論是居民或遊客想要購買日常用品，都只能來阿萬柑仔店，讓小店生意特別好，平日下午總能看到遊客坐在店內吃冰、點一顆滷鮑魚看海，把時間過得很慢很慢。

江榮豐的人生軌跡，其實就是許多馬崗人的縮影。他從國中畢業後就離開村子，到台北學修車，之後開修車廠，還曾經斜槓經營過KTV。在板橋開修車廠的那段時間，江榮豐甚至忙到每天只睡兩三個小時，白天修車，晚上經營KTV，生活雖然忙碌但收入不錯。結束板橋的事業後，他轉到桃園繼續開修車廠，還賣過檳榔。

九年前，因為母親生病需要照顧，江榮豐決定

1｜2
3｜4

1／馬崗村裡唯一的柑仔店。　2／石花凍清涼消暑，是東北角常見的特色飲品。
3／馬崗海岸邊的釣客。　4／江榮豐與一群馬崗好朋友。

回鄉。過去他像許多離鄉子弟一樣，除非有特別的事情，否則很少回家，但母親的病情成為了轉捩點，讓他重新思考生活的意義。

馬崗獨特的海洋文化

馬崗漁村位於新北市貢寮區三貂角，是台灣本島最東邊的聚落。這裡保存著將近二十棟完整的石頭厝，是台灣東北角海岸特有的建築形式。

石頭厝採用在地石頭與礁石，以砌石、疊石頭工法蓋屋，為了抵禦強烈風浪，屋簷都不高，靠海一側還設有防浪牆。推開石頭厝厚重的木門，會發現房舍面海的牆上開設的小窗並不是為了賞景，而是作為觀察海況的「觀浪窗」。當海浪拍打聲愈來愈大時，居民會透過這扇小窗觀察浪況，一旦發現危險，就能及時逃往高處。

走到近海側，可以看見一道道厚實的石埒（矮

牆）蜿蜒在海岸邊，這些由先民一石一石堆疊而成的防護牆，世代守護著村莊，承受著東北季風帶來的萬千風浪。除了這些珍貴的建築智慧，馬崗更擁有獨特的海洋文化。

受黑潮與親潮影響，海洋資源豐富，孕育出海男海女文化。

從四月到六月的石花菜採集季節，海人們潛入海中三公尺深的礁石採集石花菜，這些紅藻經過清洗、曝曬、熬煮等繁複工序，最終成為消暑的石花凍，是台灣東北角一帶最樸實庶民的夏日冰

1／馬崗潮間帶的生態豐富，隨處可見富含膠質的藻類。　2／製成果凍狀的石花凍。　3／阿萬柑仔店也有販售雞蛋冰。

品。一年四季，海人們在潮間帶採集海膽、九孔、海菜，每個季節都有不同的海產可採集。

展開一場文化保衛戰

然而，近年來馬崗面臨嚴重的生存挑戰。當地年輕人大部分如同江榮豐一樣，國中畢業後就離開馬崗到外地求學工作，村裡只剩下老年人。從二〇一二年開始，大型開發商陸續在馬崗收購土地，到了二〇一八年更是控告九戶居民，要求拆屋還地，許多居民這才發現祖傳石頭厝坐落的土地早已被轉賣。

開發商希望居民拿著搬遷款離開，但是多數居民房舍只有十多坪，拿了數十萬元，能搬到那裡去？特別是村中大多數是老人，一旦離開居住幾十年家園，問題更是麻煩。江榮豐雖然沒有直接受到影響，但對鄰居們的處境深感同情。

就在馬崗面臨迫遷壓力的關鍵時刻，一群文化工作者來到了這個小漁村。林奎妙原本在台北從事社運工作，二〇一八年因朋友介紹，來協助馬崗居民申請文化資產保護。她邀請過去從事劇場設計的何睦芸及專長多媒體製作的陳衍良，三人在二〇二〇年共同策劃「石石在在——我們的記憶／技藝展」後，並組成石在工作隊，與居民及其他文化工作者開始了一場文化保衛戰。

聚落除了有林奎妙協助居民申請文化資產、也有「曙。旅」文化工作室舉辦的海女導覽與體驗活動，加上石在工作隊開發的手機漫遊 App，以及攝影工作者的記錄傳播，讓許多外地人得以認識馬崗的文化價值。

林奎妙坦言最初對申請文資並不樂觀：「我就大概知道說這件事情其實不會通過的，因為有土地的問題嘛，政府不會想要隨便得罪財團。」但她認為這條路的意義在於「讓社會大眾知道說這裡有一件這樣的事情，然後可以讓大家來關心。」

對於這些年輕人的努力，江榮豐抱持正面的態度。「他們很熱心，我們都看得出來不是虛偽的，人跟人接觸久了，就知道對方有沒有誠意。」江榮豐也觀察，他們並沒有強加自己的想法，而是透過深度對話，真正理解馬崗的文化價值。

因為年輕文化工作者的努力和媒體報導，馬崗的知名度逐漸提升，遊客數量明顯增加。「疫情嚴重的時候才有比較多遊客，不然之前都是釣魚的來。」江榮豐見證了馬崗觀光發展的轉變，阿萬柑仔店的生意也確實比以前好很多。同時，村子裡也多了一些在地人開的咖啡館、小吃店等，形成了小規模的觀光經濟。

經過數年努力，文化保存工作取得了階段性成果。雖然「聚落建築群」的申請在二〇一九年遭到駁回，但馬崗街 11 號、12 號在居民堅持下，成功登錄為歷史建築，持續對遊客傳遞聚落的建築特色。更重要的是，二〇二〇年七月台北高等行政法院判決，新北市文資會議「未將馬崗漁村登錄為聚落建築群」的決議違法，要求重新審議。這個勝訴為馬崗的文化保存帶來了新的希望。

目前，文化保存的相關訴訟仍在進行中，未來充滿了不確定性。此外，觀光發展也帶來了新的憂慮。

與海為鄰，與自然為伴

馬崗小小觀光熱潮剛起時，社區導覽蓬勃發展，遊客導覽後常常接著到在地店家用餐，店家也會在店內展示石頭屋的照片，那是一段大家都覺得觀光或許能為馬崗開啟新想像的蜜月期。

但隨著人潮持續增長，林奎妙卻有了新的憂慮：「現在湧入的遊客，與馬崗的連結並不深，這些遊客會不會哪一天開始覺得：『這裡如果再有個飯店就更好了。』」觀光發展如果太偏重經濟導向，是否會逐漸偏離原本的初衷，進而增加開發誘因，是她心中始終存在的兩難與掙扎。

但無論如何，這場文化保衛戰已經為這個小村暫時守護住了珍貴的寧靜。馬崗沒有因為開發壓力而急躁，而是用自己的步調，慢慢地走向未來。

也正是在這份守護住的寧靜中，江榮豐找到了人生的安頓。從城市的奔波到漁村的安定，他的回鄉經歷反映了現代人對於「家」的重新思考。

他說，回到馬崗雖然起初很無聊、很不適應，「剛開始一年有點不習慣，就發呆，看日頭怎麼出來。」但漸漸地，他發現這種慢節奏的生活讓他找到了內心的平靜。

現在的江榮豐，每天規律地生活著，照料著小店，也賺得到錢。在這裡，他不需要與人競爭，不需要擔心被騙，只要安安靜靜地經營小店，與海為鄰，與自然為伴。「我們這裡就是要慢慢來，急不得。」江榮豐的這句話，道出了馬崗的生活哲學。

世界過的很快，馬崗選擇用自己的節奏前進，既保護著百年文化，也迎接著願意停下腳步的旅人。這個台灣最東邊的小漁村，正在用它獨特的方式，詮釋著屬於自己的未來。F

1／馬崗居民寫給未來的一封信，若造訪馬崗，不妨找找信的蹤跡。 2／馬崗吉和宮。

Store	阿萬柑仔店
Address	新北市貢寮區馬崗街 15 號
TEL	02-2499-1857

馬崗好朋友：在馬崗活出新的自己

馬崗好朋友

（左起）林宗儀、吳函恩、何睦芸、林奎妙，四人因為馬崗而結識，每個人透過不同的專長，為馬崗的文化保衛戰盡一份心力。

林奎妙：重新理解地方情感的複雜

對林奎妙來說，馬崗並不是她「保護」的對象，而是重新認識自己與世界的地方，同時也讓她收穫了對地方情感的理解，以及對社會議題的新視角。舉例來說，一位和解戶的大哥，清晨仍會拍馬崗日出照傳給她。她逐漸理解，選擇和解，並不代表情感上的切割。

林奎妙坦承，以前在社運現場習慣對錯分明，因為情況危急，必須迅速貼上正反標籤。但馬崗讓她發現事情並不絕對，不能只用對立方式看待。

何睦芸：藝術如何介入社會議題

何睦芸作為劇場設計出身的創作者，在馬崗文資保護運動中承擔了大量的創作執行工作，從田野採集、團隊籌組到創作轉譯等跨領域協調工作，往往比單純的創作更加耗費心力。

何睦芸也在這個過程中找到了藝術介入社會議題的方式。

「我一直在想，一個對社會議題感興趣的創作者，可以做什麼事情。」她發現，藝術創作可以打開一個空間，讓大家不急著選邊站，而是多做一些思考。

林宗儀：以相機留下海女文化

目前任職於《經典雜誌》的攝影師林宗儀，在自由接案時期聽說了「海女」這工作，於是起心動念想要以相機和文字記錄海女文化，因而來到馬崗。

沒想到卻在這裡蹲點了整個春夏秋冬，用鏡頭記錄下憨龜阿伯春季在波濤間「藏水」採石花菜、夏日海女們在豔陽下曝曬石花、秋冬時節罔市阿嬤頂著東北風在海蝕平台「徛山」採紫菜的珍貴畫面。搭配他第一手田調訪談的文字，最後完成作品「浪花間．海坪頂」。

吳函恩：期望在馬崗持續深耕

疫情期間，吳函恩在馬崗創立「曙。旅」文化工作室，除了舉辦在地導覽活動，工作室也成為一個小據點，志工、村民、遊客都可以來這裡逛一逛、聊聊天。空閒的時候，吳函恩喜歡在村子裡四處走動，聽耆老們述說漁村往事，然後將這些田調資料轉化為深度導覽行程，帶領遊客深入了解石頭屋與地景的關係。可惜的是，因為租約問題，近期工作室已結束營業，吳函恩還是希望能找到新據點，繼續留下來。Ⓕ

—達人帶路— 馬崗還有這些不可錯過的風景！

馬崗面海涼亭

聊天看海一下午

石在工作隊的林奎妙帶著我們來到這座神奇的面海涼亭。「這個涼亭很神奇，外面太陽再大，進入涼亭因為有海風，就會很涼。」無論是遊客或馬崗居民，都很愛聚集在這裡聊天、看海。涼亭位於馬崗漁港旁，正對著遼闊的太平洋，是台灣最東邊的觀海涼亭。早期林奎妙進行田野調查時，經常趁著居民在此休憩的時候，與他們聊馬崗的故事。這座涼亭不只是遮陽避暑的場所，更是村民情感交流的重要據點。坐在涼亭裡，迎著徐徐海風，聽著浪濤聲，彷彿能感受到這個小漁村世代相傳的生活節奏。

馬崗街小徑

一段心境轉換的儀式路徑

何睦芸以藝術工作者的眼光，特別鍾愛這條連接對外道路的羊腸小徑。這條小徑是進入馬崗的祕徑，樹木夾道，一旁有小河流過，流水伴隨著腳步聲，營造出遠離塵囂的氛圍。

「經過這條小徑來到馬崗，就像是進入了世外桃源，每次走過這條小徑，心情都會自然地轉換，從都市的繁忙切換到漁村的寧靜。」

對她而言，這條小徑不只是交通要道，更是一段心境轉換的儀式路徑，為即將展開的馬崗之旅做好準備。若有機會造訪馬崗，不妨試著找找這條小徑，或許能在尋訪的過程中，發現獨屬於你的馬崗祕密。

地址——新北市貢寮區馬崗街 31 號

吉和宮

馬崗居民的社交中心

吳函恩在馬崗最喜歡的地點之一，是這座供奉媽祖的吉和宮。作為石在工作團隊在馬崗認識的好朋友，吳函恩過去在馬崗進行深度旅遊的田野調查時，經常來這個宮廟前找馬崗居民聊天。「這裡一直是大家聊天的據點，陰影下吹著海風，感覺很涼爽。」吳函恩解釋。吉和宮不僅是馬崗居民的信仰中心，更是社交聚會的重要場所。作為海神媽祖的廟宇，吉和宮庇佑著這個以海為生的小漁村，看顧著世代漁民的喜怒哀樂。吳函恩在這裡認識許多馬崗耆老，聽他們說著漁村的過往歲月，這座樸實的宮廟，是馬崗人的精神寄託。

退潮露出的礁岩

追尋海人的蹤跡

林宗儀在馬崗最常待的地方是退潮時露出的礁岩區。林宗儀曾長期駐守馬崗，為了拍攝馬崗的海人，在這裡蹲點春夏秋冬，對馬崗的礁岩、潮汐變化有著自己的觀察心得。「在礁岩間走動，要邊走邊觀察海水窪，這樣才能找到石花菜的蹤跡。」退潮時，這片礁岩露出海面，形成豐富的潮間帶生態，是馬崗海人採集石花菜、紫菜等海藻的重要場域。

林宗儀不僅用鏡頭記錄下海人們的工作身影，更深入理解了他們與海洋的深厚連結。這片礁岩不只是自然景觀，更是馬崗漁村生活文化的重要舞台。

Yanshuei

台南鹽水・銀鋒冰果室
一個鹽水人吃冰、戀愛、聊家常的地方

銀鋒冰果室**葉美香**：「我們都說，這工作就是要用良心做。」

鹽水農會總幹事**邱子軒**：「要有長期的產業跟生活支持，才會有新的未來。」

text＝陳承璋

photography ＝ Kris Kang

銀鋒冰果室 葉美香 × 鹽水農會總幹事 邱子軒

盛夏午後，鹽水中山路上的銀鋒冰果室依然飄散著淡淡的檸檬香氣。店內，第三代接班人葉美香（大家都叫她阿香姐）正忙著打西瓜檸檬汁，每一顆檸檬都要用菜瓜布仔細刷洗，再連皮帶肉一起打成汁。

木瓜、西瓜等水果整齊排列，古樸的木桌椅刻畫著歲月痕跡，牆上的冰品價目表依舊保有幾十年前的樣貌，像是時間在這裡被凝結，守住鹽水人共同的青春記憶。

鹽水的過去與現在

銀鋒冰果室自一九五一年創立以來，已超過七十年歷史。第一代創辦人葉柯瑪珯在戰後買下八角樓旁被炸毀的街屋，購入冷凍機器開始賣冰，「銀鋒」一名取自冰與銀皆為銀白色，象徵豐盛與富貴。

在那個媒妁之言盛行的年代，冰店是當地年輕人相親的重要場域。媒人會帶著雙方家長到店裡「對看」，如果看對眼，就會點上一碗象徵好緣分的「紅豆牛奶月見冰」——紅豆牛奶冰上放一顆生雞蛋黃，狀似滿月而得名，當時一碗三十元的月見冰可說是極為奢侈的享受。

如果沒緣分，就只點汽水，意喻「氣死」，雙方也到此為止。這些口耳相傳的故事，成了許多鹽水人共通的記憶。

阿香姐的姻緣也在這裡發生。她與先生年輕時就相識，卻因家境差異沒有發展。十二年後透過媒人介紹，兩人在銀鋒冰果室重新相遇，這段遲來的愛情最終開花結果。「我和先生從小就認識啦，但那時候我跟他說，你要考慮清楚，我不漂亮，聲音又大喔！結果他說，他都可以接受，只要能一起過生活就好。」阿香姐笑著回憶。

這段真摯的對話，不只是家族愛情的縮影，也

LITTLE BEAR

1 | 2
3 | 4

1 | 4／銀峰過去是鎮上相親、約會的熱門場所。
2 | 3／阿香姐做冰喜歡真材實料，自然的最好。

折射出冰店背後深厚的人情味。

鹽水曾是南台灣最重要的港口之一，有「一府、二鹿、三艋舺、四月津」的美稱。過去的月津港因河道寬闊，船舶頻繁進出，街道繁華熱鬧，市集商業鼎盛。可惜的是，因河道淤積、再加上鐵路未經過鹽水，鹽水作為一線港口的地位不再。

如今的鹽水，就像全台灣的地方鄉鎮一樣，也面臨人口逐年減少的問題。目前兩萬三千人的小鎮，依然可以保有最小單位的自給自足活力，但跟以前十萬來往人潮的盛況相比，還是有所不同。幸好，鄰近的南科，還能成為本地年輕人的就業選擇，維持了地方的活力。而為了振興鹽水，台南市政府近年積極推動各種地方創生計畫。每年舉辦蜂炮、月津港燈節等大型活動，期望吸引觀光客造訪。

人口外移，對冰果室的經營來說，自然有些影響。另一方面，過去農業時代，冰店是年輕人相親、社交的場所；進入工業時代，年輕人開始自由戀愛，冰店依然是人們約會、聊天、聚會的重要據點。但到了二〇〇〇年後，泡沫紅茶、連鎖飲料店興起，冰果室不再如過去一樣，扮演重要社交場所，而漸漸轉型成為當地居民日常小吃及外地客來到鹽水的觀光熱點。

發展觀光產業之外，鹽水農會是鹽水在地產業創新的另一雙推手。鹽水農會在二〇一九年回鄉的總幹事邱子軒經營下，嘗試從農業根本出發，推動不同於觀光導向的地方創生策略。

她讓農會不只是傳統的農產品產銷組織，更積極扮演地方創新的推手，透過食農教育、農產加工、小旅行規劃等方式，為鹽水尋找更多新的發展可能。

「我們農會有時候會辦食農的小旅行，先帶遊客去體驗農業、採摘行程，之後再來看景點，帶他們到八角樓、天主堂，把農業跟文化觀光結合在一起。」她解釋。

近年來，農會成功推出番茄果乾、鹽水意麵禮盒等農產加工品，並重新包裝在地農特產，試圖以品牌化經營提升農產品附加價值。

對於邱子軒的用心，阿香姐相當認同：「對地方最用心的就是邱子軒了，她常常跟我們這些商圈的店家聯繫，一起討論怎麼讓鹽水更好。」這位年輕總幹事為地方付出的努力，她看在眼裡。

「要讓青年願意回來，不是只靠活動，要有長期的產業跟生活支持，才會有新的未來。」農會正努力成為這個「長期支持」的重要力量。

用不變來對抗萬變

阿香姐有八個兄弟姊妹，只有她出社會後選擇回家接手冰店。她從小就愛做冰、愛研發，常常看著外面流行什麼食材，就會想把它變成冰品。

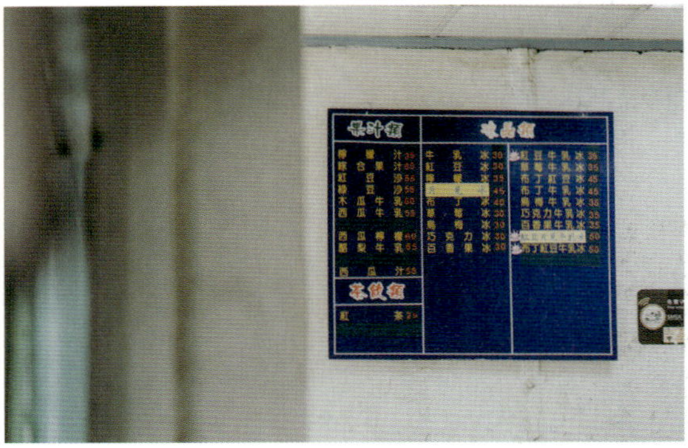

3｜4／近幾年，阿香姐的姊妹們也陸續返鄉，加入冰店的日常工作。
5／銀鋒的冰品用料實在，售價平實。

「我喜歡研發，有什麼東西就想做什麼冰，我就想挑戰看看。」

這種對冰品創作的熱忱，以及對家鄉深厚的情感，讓她選擇留在鹽水，繼續守著這間陪伴無數人成長的老冰店。四十年的冰果室時光，還能日復一日保持活力，正是因為她發自內心喜歡這份工作，才能甘之如飴。

不管時代與人們口味再怎麼變化，阿香姐選擇用「不變」來對抗萬變。她堅持不使用化學添加物、人工香料與果糖，只用最天然的食材。紅豆每天要煮六小時，還得一顆一顆挑選；檸檬必須整顆刷洗，連皮帶肉打成汁。

「我們用的紅豆是每天新鮮煮的，烏鶖牌煉乳也是最好等級的，我都說，化學的東西我放不下去，那對身體不好。」她語氣堅定。

店裡的招牌西瓜檸檬汁，是為糖尿病的母親研發。「以前媽媽什麼都不能喝，白開水喝到會腹脹，我就用西瓜加整顆檸檬打成汁，她喝了覺得很舒服，所以我才開始賣給客人。」這份用心，讓阿香姐對待每位客人都如同照顧家人一般。

每天清晨六點，阿香姐與近幾年也返鄉的姊妹們開始打掃、消毒，準備一天要用的食材。「我們都說，這工作就是要用良心做。想到自己的孩子在外面吃東西，如果被亂用化學料會怎麼樣，

1／銀峰冰果室的招牌產品紅豆月見牛乳冰。
2／已有七十年以上歷史的銀鋒冰果室。

Store 銀鋒冰果室
Address 台南市鹽水區中山路 4 巷 1 號
Hours 10:30-22:00

我自己就不敢偷工減料。」她這樣告訴自己，也這樣告訴每位走進店裡的客人。

冰店從不使用現成配料，不偷工減料，不跟風流行，只專注做好每一碗冰、每一杯飲料。這份「不變的力量」，成了銀鋒冰果室的最大底氣。

雖然阿香姐的兒女都選擇在外地擔任公職，沒有打算回家接手冰店，銀鋒冰果室或許終將在第三代畫下句點。但她依舊用最高標準，堅持每一天都把冰品做到最好。對她而言，冰店的意義已經超越生意本身。

在鹽水這座小鎮裡，銀鋒冰果室就像一盞燈塔，靜靜照亮曾經的繁華，讓人能隨時回味。阿香姐對鹽水、銀鋒的愛，讓她願意在不斷變動的時代中留守，繼續守護這些看似微小、卻深刻的價值。正是這份愛，成為地方最珍貴的力量。F

邱子軒：歸屬感會讓你想要把力道放到最大

邱子軒

土生土長鹽水人。在鹽水的鄉村中長大，在大學課程中愛上行銷學，進而在英國研究所取得行銷學學位，與鹽水農會的相遇，一切就像冥冥之中有了最好的安排。

鹽水農會現任總幹事邱子軒的返鄉之路，其實並非刻意安排。大學畢業後，她在英國攻讀行銷碩士，回台後從事國外業務相關工作。直到二〇一一年，當時台南市農會正在招考，她通過考試進入農會系統工作。邱子軒的母親早年曾擔任鹽水農會總幹事，二〇一八年，母親向邱子軒提議，也登記候聘出任總幹事。

當時邱子軒已經在農會體系工作了幾年，加上有相關經驗，因此成了最適合的人選。二〇一九年，她正式接任鹽水農會總幹事，成為台南市最年輕的農會總幹事之一。

邱子軒最成功的創新，就是將鹽水當地的「小明番茄」重新包裝為「帥哥番茄」品牌。鹽水位於嘉南平原的鹽分地帶，因為早期月津港淤積，留下了鹽分較高的土壤。這種看似不利農作的環境，卻意外地適合小番茄生長，種出的番茄皮厚、酸甜，具有獨特風味。

「『帥哥』太有記憶點了！全台灣那麼多人種番茄，如果要讓消費者認識鹽水番茄，就要找出我們的專屬特色。」邱子軒與團隊重新設計包裝，除了保留傳統樣式外，也找專業設計團隊開發新風格，成功打響「帥哥番茄」的知名度。

除了鮮果銷售，農會更開發出「帥哥番茄果乾」，每年收購超過一萬公斤番茄進行加工。雖然只占整體產量約百分之五，但這個去化量（註）對市場價格穩定產生正面影響，也為農友創造了額外收入管道。

作為地方農會總幹事，邱子軒也深刻感受到鄉村人口外流的嚴峻現實，要讓年輕人願意回鄉，關鍵是要有工作機會和發展性。在她努力下，目前鹽水約有一、二十個青農回流，雖然人數不多，但其中幾位青農的經營規模甚至可達到幾十公頃，對農會和地方經濟都有重要意義。農會也配合政府政策，提供青農專案貸款，利率優惠，成為青農創業的重要資金來源。

二〇二二年，鹽水區農會在農業部支持下斥資約一千萬元改造農會門市，成立「意遊未盡農鮮直販所」。這個結合自有產品和全台農會精選商品的空間，年營業額已達千萬元，更成為鹽水必去的購物景點。

除了產品本身，她積極參加各種食品展覽，親自到廟宇擺設商品，甚至接受媒體採訪推廣鹽水農產。

多管齊下的努力，讓鹽水農產品成功打進新東陽、誠品等通路，也開發出廟宇供品、伴手禮等新市場。更重要的是，提升了整個鹽水地區的知名度和農產品價值。

願意為鹽水付出，源自她對家鄉的強烈認同。她回憶，在台北工作六年，她始終覺得自己像個異鄉人，「你生活在那邊，你會覺得自己好像不屬於那裡的一份子。回到鹽水就不一樣了，我可以很大聲說我是鹽水人，那種歸屬感讓你在做事情的時候，會想要把力道放到最大。」

從台北的上班族到南部家鄉的農會總幹事，這個轉變不容易，但正是這份對家鄉的情感，讓她願意承擔責任走下去。F

「去化量」在水果產業的語境下，指的是水果從產地到消費者手中（包括批發、零售、加工、出口等）的銷售或消耗總量。

達人帶路——鹽水還有這些不可錯過的風景！

八角樓

展現精湛建築工藝

這座建於一八四七年的八角樓，是銀鋒冰店老闆娘阿香姐的祖厝。百餘年前，葉家經營「葉連成」商號，專事糖業貿易，是鹽水當地望族。當年葉開鴻與長子葉瑞西耗時十年興建這座三進大宅，建材全來自運糖船隻的「壓艙貨」——福州杉、紅磚瓦等，因二樓呈八角造型而得名。整棟建築以木榫連結，未用一根鐵釘，展現當時精湛的建築工藝。歷經時代變遷，八角樓如今仍是葉家祭祖的重要場所，而葉家後代也各自在不同領域發展。因為家族早已生活無虞，無論是繼續經營冰店或從事其他工作，都不再是為了生計，而是為了與鄉親情感交流。

地址——台南市鹽水區中山路 4 巷 1 號

王爺巷

曾是酒家聚集的風月地

位於鹽水老街區的王爺巷，彷彿是鹽水版的「台北信義區」。清朝至日治時期，鹽水因月津港貿易而繁榮，每當牛墟市集結束後，滿載而歸的商販總會到戲院或酒家尋樂，王爺巷便是當時酒家聚集的風月場所。

隨著時代變遷和產業轉型，這些見證鹽水繁華歲月的酒家建築逐漸消失，最後一家黑貓酒家也改建為活動中心。

如今漫步王爺巷，雖弄巷裡大部分的時候清閒幽靜，但兩旁的老建築，時時提醒著這裡曾有過的精采故事，仍能想像昔日車水馬龍的熱鬧景象。

地址——台南市鹽水區中山路 3 巷

鹽水天主聖神堂

不像教堂的教堂

地址——台南市鹽水區西門路 19 號

門前石獅鎮守，紅柱綠牆的建築宛如廟宇，就連名字都叫「祭天殿」，如果不是十字架和聖母像提醒，真會以為走錯了地方。這座不像教堂的教堂背後，是一九六九年陝西籍李少峰神父的大膽創新。當時木造教堂因白蟻蛀蝕需要重建，李神父深知要讓天主教在台灣扎根，就必須貼近當地文化。於是他採用中國宮廷式建築，讓教堂看起來像座廟宇。最有趣的是祭壇後方的「最後的晚餐」壁畫——耶穌和門徒全是華人面孔，身穿漢服，手持筷子吃著包子饅頭。這種融合中西文化的設計，讓鹽水天主堂成為獨特的文化地標。

意遊未盡農鮮直販所

從傳統走向創新

地址——台南市鹽水區西門路 21 號

走進鹽水農會的「意遊未盡農鮮直販所」，很難想像這裡曾經是堆滿稻穀的老舊穀倉。明亮的木質空間裡，最特別的是大量使用獲得綠建材標章的「樂土灰泥」進行裝修。這種新型建材不僅環保無毒，更能調節室內濕度，搭配大面積採光設計，營造出溫潤舒適的購物環境。角落的小農直銷專區，讓在地農民有了直接面對消費者的機會。新鮮當季蔬果、自製農產加工品，都能在這裡找到直接的銷售管道。從儲存農作物的實用倉庫，轉身成為推廣農業文化的美學空間，象徵著鹽水農會從傳統走向創新的決心。

常美冰店 郭人豪：「把年輕人留下來，旗山才有更多可能性。」

高雄
旗山

Cishan

高雄旗山・常美冰店
把自己種回來，一天天茁壯

text = 陳承璋
photography = Sia Sia Lee

常美冰店 郭人豪

午後旗山，陽光透過斑駁的木窗灑進店內，創立於一九四五年的常美冰店，所在的木造老屋已有近百年歷史。

低矮的屋樑下，老式電風扇慵懶地轉著；牆上貼著泛黃的老照片，角落擺著復古的木桌椅，窗邊的位置總是最搶手，人們喜歡坐在那裡，一邊吃冰一邊看著閒盪的行人與車，享受著旗山的慢時光。

櫃台後方，製冰機的嗡嗡聲從未停歇。這裡的招牌是香蕉清冰——一種用香蕉油調製的古早味，搭配紅豆、芋頭等配料，再淋上一球彩虹漸層的義式冰淇淋。六十五元的招牌冰，承載的是三代人的功夫，也是這個小鎮最甜蜜的記憶。

「常美冰店」四個字，來自創店的郭李常美女士。她原本嫁入的是經營雜貨店的家庭，因為先生欠債，償還的壓力激起她的生存鬥志。從賣菸酒、涼水、零嘴的雜貨店起家，隨著電力普及才開始添購設備製冰。

旗山在一九六〇年代的黃金時期，台灣香蕉外銷量曾達四十二餘萬公噸，占總出口值的百分之八到十，外銷量排名世界第四，為台灣勇奪「香蕉王國」的稱號。鎮上賣冰最輝煌的時期，冰店數量曾直逼三十家，也因香蕉盛名，走在老街上更到處賣著外頭喝不到的香蕉紅茶。

郭李常美憑著獨特的香蕉冰配方，且能變化出近百種冰品口味而在冰店中脫穎而出，被當地人暱稱為「魔法阿嬤」。四十多年前，她還從義大利引進冰淇淋機械設備，生產品質及口感俱佳的義式冰淇淋，讓常美冰店在傳統中融入創新。

三代的返鄉之路

然而，今天的旗山和台灣許多鄉鎮一樣，面臨著嚴重的人口流失問題。在戶政事務所的統計資

常美冰店的招牌冰是以香蕉清冰為底，搭配紅豆、芋頭等配料，最後再放上一球彩虹漸層的義式冰淇淋。

料中，人口數逐年遞減已經成為常態。年輕人讀完書就往都市跑，很少有人願意回來。這個曾經的香蕉王國，正面臨人口老化的挑戰。

但在常美冰店裡，你會看到不一樣的景象。店裡的員工都是年輕人，他們來自旗山本地或鄰近的美濃，有些是工讀生，有些已經成為正職員工。一間傳統冰店讓年輕人願意待著，都是因為第三代經營者郭人豪的經營理念。

老冰店新活力，故事的轉折得從郭人豪說起。他畢業於台南藝術大學音像紀錄研究所，專攻日治時期台灣神社研究，原是個對歷史充滿熱情的紀錄片工作者。他曾經為了拍攝神社紀錄片，帶著一群朋友到花蓮挖掘玉里神社遺跡，甚至花費數萬元購買神社外擺放的狛犬放在家中客廳。

郭人豪從小在台南長大，父親是華航的員工，經常在國外工作。對他來說，旗山只是「放假才會回來的阿嬤家」，從來沒有出現在他的人生規

1／常美冰店門口的木製招牌，招喚著愛吃冰的人們。
2／常美冰店也有販售枝仔冰，有著單純而美好的風味。

劃中。

二〇〇九年，他在南藝大領完畢業證書，正盤算要去台北工作，想不到一個星期後，八八風災來襲，當時莫拉克颱風帶來破紀錄的降雨量，許多地方兩日的降雨量相當於一整年的量，全台造成六百八十一人死亡。旗山溪溪水暴漲，市區多處淹水，這個原本寧靜的小鎮也無法倖免於難，常美冰店分店店鋪也因此遭沖毀。

命運，就這樣突然將他推向了一個從未想過的十字路口。

風災過後，需要人手清理，他只能回到旗山幫忙，「我回來並不是我自願，很多人說我是孝順回來接班，其實是不得不回來，我從來不覺得這是家業啊！」他說起當年的情況，語氣裡仍帶著當時的無奈。

原本想說幫忙打掃完就離開，現實卻將他困住。當他看見年邁的阿嬤和已經七十出頭的父親還要承受搬冰、搬水的重體力活，心中的不忍讓他無法真正抽身離開，因為一旦他走了，這些沉重的工作就會全部落回這些老人身上。

不再只是回來幫忙的外地人

最終，不捨與責任感讓他選擇忍耐。

每天早上八點從台南出發，騎一小時摩托車到旗山，在阿嬤和父親既定的規矩下工作，到了晚上再騎一小時回台南。對一個習慣拍紀錄片時自由探索、獨立思考的年輕人來說，這裡的一切都顯得僵化而束縛。

除了工時漫長、每日重複相同的勞動外，更艱困的是與上一代觀念的不斷衝突。

頭三年，他最痛苦。比如，他認為家裡的製冰機器太老舊、效率低，他於是去食品展買新機器，機器到了冰店，父親竟大怒，因為新機器並不符合使用習慣，換新的得花時間再重新摸索。想調整製作流程，被質疑破壞傳統；想改善衛生條件，被認為多此一舉。

太多觀念上的不合、太多衝突，他面對的是三代人的觀念差異，他的求好心切，卻成了一次次的反對與質疑。「你在乎一些東西，所以你才會去觀察有什麼可以改進，但是這些事情就是改變了他的工作模式，他就覺得不合用不順手。」他回憶。

以前的生活是自由的，可以為了研究跑遍台灣各地的神社遺跡，可以計畫拍攝紀錄片、有自己的時間和空間。現在每天面對的是重複的勞動，毫無成就感。

好幾次他都想要離開，但每當下定決心，家人的身體就相繼出狀況。母親罹患肺癌，父親忙於照顧、阿嬤又需要動手術。每一次親人的病痛都像枷鎖，讓他無法抽身。「你走了這些老人就會繼續承受那些重的東西，你就覺得不能走，但又很想走。」

直到二〇一二年，他的人生出現轉機。他在旗美社區大學認識了同樣來自外地、在旗山工作的太太，並在美濃成家，有了孩子。從每天通勤終於真正住下來，心態逐漸轉變。

當他不再只是回來幫忙的外地人，而是用生活者的角度重新認識這塊土地時，一切開始不同。

想把年輕人留在旗山

旗美社區大學，是台灣第一間農村型社大，不只是教授知識，更串聯了在地的人脈與能量。他因為太太的關係，擔任紀錄片課程講師，時間久了，漸漸認識街上早餐店老闆、賣饅頭的店家，建立起生活的連結。

在社大的經驗，也讓他開始用常美冰店的名義參與地方事務，例如贊助台青蕉樂團的「搖旗吶喊音樂節」、支持大溝頂拆遷抗爭、關注馬頭山事業廢棄物掩埋場議題，還參加了黃蝶祭擺攤，這些活動不僅讓他找回表達的舞台，更逐步深化他對旗山這塊土地的情感。

更重要的是心態的轉變，他開始把自己看得比較小。「以前會覺得自己是主體，我有沒有休假，我過得快不快樂，我自己的內心有沒有被滿足這件事情很重要。」但現在，他更多考慮的是店裡需要什麼、孩子需要什麼、這個地方需要什麼。

隨著阿嬤搬到美濃、父親年紀漸長而逐步放手，他能主導的空間愈來愈多。郭人豪回望自己的經過，他其實是很想把年輕人留在旗山的，於是他開始培養員工，創造更平等、彈性、尊重個體的工作環境。鼓勵他們想學什麼就去學，只要把事情做完就能提早下班，若確保有人代班，想請假就請假。

「我沒有要綁住他們，我會鼓勵他們去學自己想學的東西，因為把年輕人留下來，旗山才有更多可能性。」這群返鄉或留下的年輕人，也逐漸成為旗山的活水。

克服一百個不願意，一路走來，他從迷惘，終於找回自己。二〇一九年，面對韓國瑜訪中爭議，他在常美冰店的臉書明確表態：「身為台灣高雄鄉下的小小店家，現在不想當中國人，以後也不想當中國人。」

1
2

1／常美冰店所在的建築已有近百年歷史。

2／《菊花夜行軍》是郭人豪很喜歡的一張專輯。

表態，讓冰店承受網軍攻擊，但也獲得了更多支持，當天排隊的人龍長達五十公尺。「一開始很怕，但後來就覺得，好像你引起這個風氣，現在很多店家都願意表態立場，我認為這是一些對的事情，就不必遮遮掩掩。」

採訪時，他身上穿著一件黑T恤，印著生祥樂隊的歌詞「把自己種回來」，這也是他常穿的一件衣服。

「我覺得我真的是把自己種回來了，後來我結婚，甚至把自己種回這塊土地的時候，發現它根長出來了，然後終於茁壯了。」他說，離鄉的人難免心感漂泊，不如返鄉，也許安定下來的力量，會比想像中的強大。現在的他，有更大的底氣，可以用旗山人的身分參與地方活動，在這塊土地上找到自己的位置。

他的故事，如同其他願意在旗山深耕的年輕人的縮影，今天的旗山，有了不同的面貌。老街上出現了新的咖啡館，做麵包、開民宿，還有修瓦片的工業設計師、種香蕉的音樂人。這些年輕店家彼此串聯，有活動就互相支援擺攤，讓旗山的店家愈來愈多元，生命力愈發活躍。

在這裡，地方創生不是什麼計畫或口號，而是一個人一個人的故事，一天一天的累積。就像那件T恤上寫的：把自己種回來。F

Store　常美冰店
Address　高雄市旗山區文中路 99 號
Hours　09:00-18:00（周二休）

郭人豪：重新找回說故事的熱情

郭人豪

台南藝術大學音像紀錄所畢業。常美冰店第三代，除打理旗山常美冰店外，還自創義式冰淇淋品牌「小露吃」。

郭人豪不僅是常美冰店的第三代，更是義式冰淇淋店「小露吃」創辦人。會另開冰店，是二〇一四年時，已在常美冰店幫忙四年的郭人豪，開始思考想要有些改變。但是「常美冰店的客群與人設都很固定，幾乎沒有突破空間。」於是他決定和朋友合開一間義式冰淇淋店，希望用另一種方式實現創作理想。

對郭人豪而言，「小露吃」不只是冰店，更像他的紀錄片分身。「我沒辦法拿攝影機去講一個故事，但做冰淇淋需要找食材，找食材就要拍照、寫字，再跟消費者分享，這個過程本身就很像拍片，只是媒介不同。」

他以旗山為圓心，畫出半徑五十公里的食材里程圈，堅持使用高雄、台南在地食材，如南化黑糖、那瑪夏烏龍茶、旗山鳳梨、香蕉等。這些探索讓他重新認識南台灣的土地，也累積出豐富的在地食材故事。

為了把這些故事分享給更多人，小露吃與全台國小合作，以液態氮製冰課程推廣食農教育。他會根據學校所在的農作盛產食材，設計故事內容。他曾在內門國小用在地鳳梨，或在南化以黑糖入冰，讓孩子們用熟悉的作物認識土地、農人與農作過程，嘗試在他們的記憶裡留下對土地的連結。

郭人豪把這些教育活動視為「撒種子」的過程。「希望這些故事埋進心裡，或許長大後某一天會發芽、開花、結果。」對他自己而言，這些過程也像是一種回望，補足成長中與土地的疏離。

然而，小露吃的經營之路並不輕鬆。二〇一九年，他決定將實體店轉為工作室。「開店至今沒賺錢，當年買機器的花費，加上裝潢和人事成本，幾乎快撐不下去。」轉為接單和市集擺攤後，經營起來反而更靈活、負擔較小。

另外，他也利用品牌參與地方活動，如搖旗吶喊音樂節，透過擺攤和支持獨立樂團，進一步連結在地社群。

對郭人豪而言，小露吃更大的價值是「出口」。「冰店的日常讓人覺得窒息，因為環境與模式固定，小露吃讓我有機會重新找回說故事的熱情。」他用冰淇淋代替攝影機，繼續記錄、說故事，並把土地的故事傳遞給下一代。

這份理想雖未帶來豐厚收入，但在無數孩子心中撒下了種子，替一間傳統冰店第三代找到新的時代使命，也讓他成為一個用冰說故事的人。

達人帶路——旗山還有這些不可錯過的風景！

旗山火車站

見證台灣糖業史

旗山火車站建於一九一三年至一九一五年間，是糖鐵旗尾線唯一留下的日治時期車站，擁有淡藍色外觀與八角尖頂，彷彿童話故事中的小屋。郭人豪的父親小時候常從此搭乘五分車到九曲堂，再轉台鐵到高雄，是早年旗山對外交通的重要起點。這座百年車站曾閒置近三十年，郭人豪大學時回鄉，看到車站荒廢，還傳出有人想放火燒掉它。幸好經地方人士奔走保存，政府最後決定整修，讓它以全新樣貌重生，如今成為高雄市市定古蹟和糖鐵故事館，不僅是旗山交通史的見證，更是小鎮轉型觀光的重要象徵。

地址——高雄市旗山區中山路 1 號

旗山生活文化園區

優雅的日式校舍

旗山生活文化園區位於舊鼓山國小，校舍建於一九二〇年，是全台少數完整保留日治時期風貌的學校建築。郭人豪的父親童年曾在此就讀，園區承載著家族世代的共同回憶。園區內最具特色的是優雅的三連拱大禮堂，屋頂尖端的木造交叉山牆充滿日式美學氣息，無論是建築比例或細節設計，都能感受到當時對教育空間的重視。雖然經歷九二一地震損毀，園區仍以技師補強方式完整保存。園區現由文化局管理，開放在地NGO申請進駐，雖因古蹟身分無法隨意拉電線或改建，但園區仍持續朝文化教育基地方向發展。

地址——高雄市旗山區文中路 7 號

旗山孔子廟眺望台

俯瞰旗山的祕密基地

地址——高雄市旗山區鼓山公園 1 號

旗山孔子廟位於鼓山公園內，占地約四點一公頃，是東南亞規模最大的孔廟，前身為日治時期的旗山神社。

郭人豪說，每當他心情低落或需要沉澱時，常常獨自來此發呆、遠眺旗尾山的輪廓，晴天時甚至可望見更遠的屏東平原與大武山。這個制高點呼應「旗鼓相當」的地名意象：旗山與古山（鼓山）兩座山峰遙遙對望，成就獨特的地理美學。郭人豪也提到，日治時期神社多建於高地俯瞰全城，旗山孔廟延續了這種城市守護者的象徵，如今已成為他與朋友分享旗山風光的祕密基地。

旗山糖廠煙囪

旗山地景的精神指標

地址——高雄市旗山區忠孝街 33 號

創建於一九〇九年的旗山糖廠（原名旗尾糖廠），曾是旗山重要的經濟命脈，營運至二〇〇三年關閉。廠內五十一點八公尺高的黃色煙囪百年來歷經多次颱風與地震，依然屹立不搖，是旗山地景的精神指標。對郭人豪來說，糖廠不僅是產業象徵，更是家族歷史的一部分，因祖母那一代使用過這裡的糖，且家族冰店與製冰事業也與糖廠的原料供應密切相關。郭人豪認為，糖廠象徵旗山從製糖產業到觀光轉型的歷史演進，是理解地方文化、家族記憶以及產業更迭的重要場域，值得被慢慢走讀與細細品味。

遺珠

每個地方人都有自己的心頭好

台東・長濱 (1)

推薦人——高耀威
獨立書店「書粥」創辦人

迷你義式冰淇淋

長濱那小小而多種口味的冰淇淋店

→ 台東縣長濱鄉 16 鄰 12 號

迷你義式冰淇淋店位於台東長濱的南竹湖部落，曾為全職音樂人的經營者陳冠宇，十多年前與太太以莉・高露定居長濱後，先是全心投入種稻，好幾年後才開了這間店。冠宇創業的理由是「找一個能看到顧客開心笑臉的行業來做」。以在地食材研發冰款，有豐美水果，也有海鹽與黑糖。記得有一天，我帶街上孩子去吃冰，大家驚呼從沒吃過！我心想，真是太棒啦！長濱有間冰淇淋風土學校！（文｜高耀威　圖｜陳冠宇）

金門・烈嶼 (2)

推薦人——王苓
伴手禮店「村復號」共同創辦人

嘉年華冰菓室

檳榔芋的滋味

→ 金門縣烈嶼鄉西方 29 號

你可能聽過大甲、蘭嶼的芋頭，但不一定聽過金門的烈嶼檳榔芋。烈嶼特有的土質跟地下水的澆灌，長出綿密口感的芋頭，傳統上會做成經典的芋蠻肉，近年也有芋頭冰的可口涼品。位於金門烈嶼鄉西方社區嘉年華冰菓室眾多冰品中，「蜜芋頭挫冰」是招牌，吃得到綿綿的芋泥，搭配數小時熬煮的紅豆、Q 彈地瓜圓。除了常見的剉冰配料，還可以選擇金門獨有的貢糖，或者烈嶼南風天才能做的桶餅。（文｜王苓　圖｜陳家揚）

彰化・溪州

推薦人——巫宛萍
溪州地方工作者

(3)

為・古早味麵線糊臭豆腐

放學後的村落冰味

→ 彰化縣溪州鄉登山路二段 284 號

「為」古早味麵線糊臭豆腐位在溪州鄉成功國小旁，來來往往的人們，多是放學後的小學生，或是田裡務農後的農人，以及做粗工的工作者。臭豆腐、麵線糊，再來一碗豆花冰，是顧客點餐的標配，豆花的豆香味，來自自製研磨豆漿沖製而成，是醇厚且單純的風味，正合台灣人的口味。

如同這間店，雖沒有花俏的裝飾，卻是地方人們吃碗豆花冰消暑、吃個點心的重要據點。（文、圖｜巫宛萍）

花蓮・北濱街

推薦人——趙孝嚴
地域品牌「集大陳」創辦人

(4)

四維先生・鳳梨冰

花蓮市區的涼意

→ 花蓮市北濱街 43 號

羅老闆強調自己的冰，都選用台灣各節氣的水果，自家熬煮果醬搭配碎冰打成冰沙，每一口都能吃到果肉與淡淡砂糖香氣，酸甜清爽、扎實樸拙，帶著夏日的斑駁光影。店面門口手作木牆與常綠植栽共構拍照場景，是策展般的日常布幕。常態冰品還有甘蔗、梅子、快閃冰，以及季節限定的桑椹、草莓冰，價格親民五十元一杯。十一點開賣、賣完即收攤，是花蓮市區一股純粹的甜甜涼意。（文、圖｜趙孝嚴）

澎湖・西嶼 (5)

推薦人——黃士恩
草根果子、植隱冊室創辦人

黃家冰品

火龍果鳳梨醬的滋味

→ 澎湖縣西嶼鄉 8-1 號

位於澎湖西嶼鄉大池村鯊魚排旁的「黃家冰品」，舊名水蓮耕，是本地一間低調卻讓人上癮的夏日冰品店。

招牌產品火龍果鳳梨醬淋上濃郁奶酪，搭配黑糖碎冰，自由混搭超過癮，吃得出淋醬的新鮮是無庸置疑，鮮奶酪濃郁到讓人以為加入了起司。

老闆娘時常親切巡場，有時還會免費續冰，霸氣又溫柔。錯過這碗冰，你這趟澎湖旅程只有五十分。（文｜黃士恩　圖｜洪莉棋）

馬祖・北竿 (6)

推薦人——邱筠
文化工作者

發師傅・協和食品行

每一匙都是傳統新滋味

→ 連江縣北竿鄉中正路 229 號

馬祖家常點心「黃金地瓜餃」搖身化為限定冰品五行地瓜餃剉冰！

五色地瓜餃錯落沁涼刨冰，內餡裹著熱騰騰的花生糖粉、芝麻、豬油、蔥，拌著手工熬製紅豆、薏仁與糖水，每一匙嚐起來都是傳統新滋味。

發師傅展現從馬祖傳統糕點起家的近半世紀功力，將三色地瓜、紅麴與抹茶製成地瓜餃皮，傳統手藝交會剉冰，成為塘岐街上的獨一無二的創新冰品。（文、圖｜邱筠）

愛嬌青春製冰室：抓住夏天和青春的尾巴

文：李政道
圖片提供：忠泰建築文化藝術基金會

「阮的青春就親像冰塊同款，攏融去啊。」

在台北萬華，新富町文化市場西側的小入口，有一間從日本時代就在這裡的老製冰室，它的主人「愛嬌姨」在退休前，一如以往輕鬆地說出了這句玩笑話，說出口的那刻，像是為自己和冰室，畫上了需要「遠目」的句點。

告別，就像是長髮女孩剪了短髮一樣，捨下的是生活裡的日復一日、回憶、和好友，當然也是人生的那些「いろいろ」（日文：i-ro-i-ro，難以言盡的種種）。

「愛嬌製冰室」原是供應給東三水市場與新富市場內各類雞、魚、海鮮攤商所使用的非食用冰塊，大塊的冰塊作為攤檯上的鋪面保冷，食物再蓋上碎冰塊維持食物的新鮮。對於市場運轉來說，是生意必需的物理基礎。

這裡的製冰室設備——冰槽與冷凍機，是日本時代時製作完成。第一代是當時的日本經營者戶田藤吉，戰後則將經營權轉移到愛嬌姨的大官（台語：tai-kuann，公公的意思）湯錫富來經營冰塊店。從公公、先生再到愛嬌姨接手，是因為家中巨變，枕邊人突然撒手而去，為母則強接手生意，擦乾眼淚拉拔三個孩子繼續生活，所幸甘苦人有天公疼，這門勞力活能夠穩定持家，整個市場也陪伴這個家庭。

愛嬌姨在疫情後宣告退休至今兩年多的時間，雖偶爾回來「踅踅」（séh-séh）、逛個新富町文化市場也走進菜市場露個臉聊個天，可惜愛嬌姨已沒在裡面工作，所以還未找到開放的契機，冰室始終無法對外開放，成了難以窺見的台灣風景。

不過就讓我偷偷來當情報中心吧。這件事，應該不會可惜太久。預計今年九月左右，「萬華世界下午酒場」會聯手巧克力品牌「土然 TERRA」、META DESIGN 團隊與新富町文化市場，展開全新的企劃與冰淇淋品牌「愛嬌青春製冰室」，還會在製冰室裡重新「製冰」，和大家見面一起抓住夏天的尾巴，也讓我們一起把愛嬌姨的青春留下來。

台灣三六八鄉鎮╳地味飯糰

馬祖．米飯炊出四鄉五島的海味

馬祖夏季的食材之王，非淡菜莫屬。不過想吃到最鮮美的淡菜，煮法上有些技巧：淡菜洗淨後入鍋，放少許水加蓋蒸煮，等殼一開馬上取出，才最鮮嫩。不論淡菜或螺貝、藤壺、佛手等潮間帶珍饈，都是這麼煮的——正如南竿芙蓉澳漁民小黑哥叮嚀的：「海鮮最怕用一大鍋水煮，鮮味全跑掉啦！」

離島居民對吃海鮮自有一種與生俱來的講究。我走訪四鄉五島時，居民們聽說我要用螺貝類做飯糰，都說：「螺貝的鮮要帶進飯糰裡。」只吃貝肉是不夠的，因為淡菜的精華藏在湯裡，

淡菜

每年夏季到中秋，是馬祖淡菜最肥美的時候。南竿芙蓉澳為馬祖最大的淡菜養殖海域，位於淡海水交界處，富含浮游生物與營養鹽，使淡菜體型豐腴，滋味鮮甜。各島也有野生淡菜，小巧精實，兩者各具風味。

昆布

馬祖是全台目前唯一的昆布產地。冬春時節海水溫度低，因此適合昆布生長，每年春末採收。與日本昆布相比，這裡的昆布生長期短，質地薄、口感軟嫩，除了製作高湯，也適合入菜，涼拌、佃煮皆宜。

麥蔥

把春季的野草融入飯糰中帶著些微苦韻與清香，當然也不能忘記麥蔥，剔（挑）麥蔥更是馬祖婦女們話家常的時刻，在此提醒大家，千萬不要傻傻的去買麥蔥，不如大家相揪一起去馬祖採麥蔥。

● 食譜請見 ●

若只留下肉，鮮味便流失了。為了留住這份鮮，我決定以「炊飯」形式，將淡菜精華與馬祖昆布製成高湯來煮飯，再配馬祖麥蔥提香。

米則要挑選偏軟米種，如高雄139號。炊飯強調品嚐食材原味，若米太有嚼勁、粒粒分明，反而會阻礙鮮味傳遞。口感軟一些，一口咬下，才能吃到米飯裡包裹的海味，不辜負馬祖鄉親的耳提面命。

text = 樊穆妮

「土鍋飯糰 Donabe Omusubi」創辦人。將飯糰視為可食的地方誌，持續以米飯包裹地方食材與記憶。平時創作飯糰、策畫餐會、研發料理，定期走訪產地、採集食材，把每一次飯糰製作視為食物策展的實踐。

photography = Sia Sia Lee

Beyond
全球地方

印度喀拉拉邦：
我在南印度撿腰果、認親戚、過新年

> 「燠熱的晚上，我和全家人趴在前庭石地上，玩羅望子籽彈射遊戲——上一次這樣百無聊賴，是我小學一年級時，和爸爸在三合院埕上彈龍眼籽比遠吧。我開始感覺到生活的無聊，與此同時，全家人也已經不再擔心我無聊。那時我覺得自己很幸運，能在異地過上無聊的一天，比高潮迭起更難得。」

臥舖火車抵達印度南部喀拉拉邦（Kerala）的小鎮Nilambur，Molu的姐夫傳來一張自拍照，叫我找他——在幾百個印度人的月台上找他——我是不是不如傳張自拍照，叫他找一個台灣人？

去到杜拜及其他中東國家工作，是印度西、南部藍領階層男性常見的選擇，Molu的姐夫便是一員，而我正巧碰上他兩年一度返鄉，今日也正好是他攢夠錢、買了新車上路的第二天，擋風玻璃上的「JUST ARRIVED」貼紙還捨不得撕，拉風得很。

這個位在森林地帶的小村，盛產柚木，曾是英國殖民時期的柚木貿易基地，濕潤的熱帶氣候，也讓當地處處是橡膠園，常見工人提著小桶在樹林間收橡膠。橡膠汁液沿著樹皮上的刀痕，流進綁在樹幹上的椰子

text & photography = **蘇凌**

劇場與文字工作者，經營臉書專頁「蘇菜日記」，著有《菜場搜神記》。《鄉間小路》專欄「菜市人生場」作者，主持鏡好聽 Podcast 節目《老地方見——老派生活裡的手藝》。二〇二四年獲雲門「流浪者計畫」獎助，旅行印度。

1／搜集橡膠汁液。
2／初步輾壓成橡膠墊。
3／拾獲的腰果。

殼裡，工人將汁液收集起來，倒入淺盤內待它凝固成塊，再用機器碾壓成橡膠墊，放進大灶裡煙燻一陣子，就能賣給工廠製成各式橡膠產品。

Nilambur 有山、有湖、有平原，也有許多野生動物，一天傍晚，我和 Molu 散步時，她問我：

Do you know "big"?

What big?

Big.

What is "big"?

Pork.

Oh! "Pig"!

Yes, many white pigs here.

White pigs? Wow!

馬上打開手機查那「白豬」長什麼樣，結果查了老半天，發現她講的是「Wild Pig」。

二十四歲的 Molu，是這個家中唯一會說英文的人。Molu 是她的小名，在當地語言中是「小女孩」的意思，若在村裡大喊「Molu」，或許會有一百個人回答——從零到百歲。

在 Molu 家，我過著挺野生的

生活。有天早上，一隻母雞三度跑進家裡想下蛋，接著，我在床邊踩到一隻蜜蜂因而腳底被螫（爸爸給我一截薑黃塗腳底）；晚上打死了兩隻蟑螂，隔天，我又在床邊踩到一隻青蛙，然後，「可能還有蛇。」Molu說。

1

她們一家過著半自給自足的生活，在後院便能撿雞蛋、取椰子，也養著兩頭牛。一天可擠兩次奶，除了讓鄰居帶著杯子來買奶，爸爸也會提著奶桶到附近的牛奶合作社，通過簡易品質檢驗後，一小桶可以賣台幣二十五元。

有天，我見Molu和爸媽三人，拿著細枝在樹林地上翻呀翻，「我們在撿腰果。」我看著那枯枝落葉覆及小腿肚的樹林地，險些脫口：「屁啦最好找得到！」然而，當我一起加入了這不切實際彎腰拾腰果行列，才發現，還真不難找，不消半小時，我們四人已拾滿一桶。當天下午，我們載著腰果到鎮上小店賣，秤起來有一點三公斤，老闆按照行情，付給我們兩百五十盧比（不到台幣百元）——台灣人不禁心碎，原來腰果和我的腰力一樣，如此不值錢。

一個皮膚相對白皙、臉孔相對扁平的外國人到來，很快地在這個小鎮上造成議論。有人以為我是來自印度東北、靠近中國的阿薩姆邦人，而當地孩子們，一律認定我是韓國人——此時我才明白，K-pop文化何等無遠弗屆。

鄉下地區，親戚都住得近，因此這回家裡來了個台灣人，當然是整個家族過來參觀，過不來的，Molu便帶我去。在各戶人家中，她總是向我介紹：「這是我爸爸的大姐的小兒子」、「這小孩是我姐姐的老公的哥哥的老婆的妯娌生的」，有時親緣關係遠到欲解釋便超出她英文能力所及，就直接說「My cousin」——我心想，您早點說 cousin，我也不介意。我被帶著拜訪了十幾戶人家，親戚以外，也到鄰居、朋友、村長家，每回進門，都必要來一杯奶茶，為避免回家後 sugar high，喝到第四杯後，我都表示「Water, please.」——就這樣喝了七杯開水。回程途中，Molu 指指路邊一戶人家，說是「我媽媽的爸爸的小兒子家。」「那不就是妳媽的弟弟家嗎？」她說不是——反正，就是某個 cousin。

語言無法溝通，Molu 的媽媽便透過廚藝與我對話，務求讓我吃到喀拉拉邦所有代表菜色。我在家裡的第一頓午餐，便是經典菜 Sadya。Sadya 是喀拉拉邦的傳統盛宴，通常出現在節日、婚禮或慶典中，純素的各式菜色以香蕉葉盛裝，並且每一道菜都有其特定擺放位置及順序。我吃沒幾口，全家就笑了，「妳吃飯跟 Edu 一樣！」——Edu 是 Molu 的小侄子，今年七歲——她們說我用手吃飯時，就像七歲小孩，不但會掉飯粒，還會把整隻手塞進嘴裡。

當然，不是每餐都吃得如此澎湃，接下來幾天，媽媽輪番端出米粉做的乾烙餅 Pathiri，搭配豆子咖哩；端出米粉和椰子屑倒入筒內蒸成的 Puttu，同樣搭配咖哩；端出宛如乾米線的 Idiyappam，也只能搭配咖哩；端出雞肉抓飯 Biryani——總算是我過往在台灣嚐過、味蕾上熟悉的「印度菜」，當我要求盛第二盤的時候，全家都驚呆了，畢竟我可是一天到晚都在喊：「好飽，我吃不下！」

在這裡的每一天，媽媽都把我當印度人養，餐餐飯量是我在台灣的五倍，面對盤子上的珠穆朗瑪峰，我每次都要說：「No, no, too much!」

這時，Molu 就會使出情勒三部曲——

各式南印料理。

喀拉拉邦的傳統新年儀式。

"Why?"

"Please."

以及過了幾分鐘，試探性地詢問：「Can you eat now?」

表達「Enough!」並無法遏止這餵食行為，因此我決定捨棄英文，學習當地語言。「Mathi! Mathi!」每回媽媽開始添飯，我便大力揮手叫嚷，後來為了表示禮貌，再學了「謝謝」。「謝謝，夠了！」——「Nanni, Mathi!」

2

一天，Molu「爸爸的大姐的小兒子」來訪，大半夜載著我們進城看電影。印度以孟買的 Bollywood 著稱，然而以 Malayalam 為主要語言的喀拉拉邦，有自己的「Mollywood」。Molu 說，比起寶萊塢，她更愛南印度出品的電影，「因為劇情比較不芭樂。」我猜，或許因為以官方語言 Hindi 為主的寶萊塢，主要面向全國觀眾，因此在劇情題材的選擇上，更需要在各宗教與道德標準之間，尋求最大公約數，而南印電影業涵蓋至少四種語言，更能依據地方文化選材。另外，電影取景的自然環境也是一項吸引人的原因——我遇見一個女生，她就特愛南印電影獨有的壯闊山、海、瀑布場面，是在北印的她不常見的。

印度不愧是庶民電影大國，連戲院椅子都可以躺平，Molu 的姪子一直慫恿我躺平——這位小老兄，躺平我就看不到英文字幕了好嗎。電影場景設定在印度的科技大城海得拉巴（Hyderabad），描述都會小資女與鄉下純情男相愛的故事。歌舞橋段不多，影廳內也沒有發生所謂「全場站起來跳舞」的場面，但大家會舔著霜淇淋、在主角出場／出糗時，毫不吝嗇地尖叫、吹口哨，「這段好好笑，快點錄起來！」於是，我做了這輩子從來沒幹過的事——在電影院內錄影。

四月十四日，我和 Molu 一家，慶祝了 Vishu。Vishu 是喀拉拉邦一帶的傳統新年，前一天下午，家裡的人就忙著張羅「供品」——這個稱作 Vishukkani 的展示盤，放滿水果、紙幣、燈盞，與印度教三大主神之一 Krishna 的神像。這水果盤至關重要，因為新年有個習俗：隔天清晨醒來睜開眼睛，如果第一眼就看見水果盤與 Krishna 神像，整年就會很吉祥。

除了家戶各自準備，廟宇志工也會外送神明到你家，提供「吉祥第一眼」服務。當晚凌晨三點多，人正酣睡，忽焉有人敲鑼打鼓大放鞭炮，注重睡眠權益的台灣人，怒氣值即刻衝高——才想起，啊，是志工外送神明來了。（有必要放鞭炮嗎！）推開房門，驚見全家人躺在客廳地板——我心跳差點停止——Molu 起身，閉著眼摸黑打開家門：「我們怕睡過頭沒聽到，才睡地板啦。」（怎麼可能聽不到！）門一開，果

Molu 家的日常生活。

盤與神像已擺放玄關處，這時才睜開眼的 Molu 全家，都被賜福了。

經歷這麼一番動盪，注重睡眠品質的台灣人，本想睡回去，孰料，全家人接著開始互相「發錢」。這個被稱為 Vishukkaineettam 的儀式，也和華人新年發紅包一樣，帶有祝福意涵，不過在這裡，會由晚輩先以檳榔葉包裹一枚一盧比硬幣送給長輩，長輩收下後，再回贈十至一百盧比不等的金額。「現在用手機轉帳就可以。」Molu 打開手機，轉了五盧比給她的表哥，暗示他，記得回轉一百盧比哦。

新年大清早，除了我，家裡顯然沒有人打算睡回籠覺。媽媽端出一簍以米粉、香蕉、椰糖和香料製成的油炸小點心 Unniyappam，交代 Molu 分送給鄰居。「但不是每一家自己都會做嗎？」我問。「是給穆斯林鄰居的。」村裡的印度教徒與穆斯林感情極好，開齋節時，Molu 一家常受邀到鄰居家吃甜湯，而今輪印度教過年，送上自家製小點心，是再自然也不過。

新年，當然要吃以香蕉葉盛裝的盛宴 Sadya。華人過新年，從初一吃到初五，印度人不用吃這麼多天，他們是一天吃完初一到初五的份量。那日，我隨Molu走訪四個親戚家，每戶都給我端上一份完整的Sadya——當天到底是怎麼結束的，我已經不想記得。只有忘不了去到表妹家時，她一臉殘念地說：「我昨晚跟阿嬤一起睡，所以今天早上睜開眼睛，第一眼看到的不是Krishna，是我阿嬤。」我心想：「沒關係，我的新年第一眼，是躺在地上的Molu全家……」

3

在這個家，前後待了十多天，到後來，每日早晨的灑掃事項由我執掌，Molu也終於不再堅持搶下我手中的掃把和拖把。我學會使用廚房裡的椰肉刨刀，那刮椰肉巧勁，根本用不到我平時鍛鍊的二頭肌。我知道要把用過的衛生棉小心翼翼包好、偷偷摸摸交給Molu，讓她鬼鬼祟祟拿去點火燒了。燠熱的晚上，我和全家人趴在前庭石地上，玩羅望子籽彈射遊戲——上一次這樣百無聊賴，是我小學一年級時，和爸爸在三合院埕上彈龍眼籽比遠吧。我開始感覺到生活的無聊，與此同時，全家人也已經不再擔心我無聊。那時我覺得自己很幸運，能在異地過上無聊的一天，比高潮迭起更難得。

後來的我，當然也不只會講「Mathi（夠了）」，我能用當地語言問人：「你吃午餐了嗎？」雖然，（因為早餐吃太飽而）還沒吃午餐的，通常都是我本人。

離開的那天早上，媽媽為我煮了告別奶茶，匆匆灌下兩杯，便跳上姐夫依然「JUST ARRIVED」的新車。前往巴士站的路上，我扶著膀胱問Molu：「巴士上應該有廁所吧？」她一臉錯愕：「No……」到站後，看著巴士駛來，我理解了她的錯愕——連車門都沒有，何況是廁所。B

View

地方通信(1)

你們在鄉下，都在做什麼

廖瞇——

text = 廖瞇

大學讀了七年，曾就讀工業產品設計系與新聞系，認為生命中所有經歷都影響創作。著有詩集《沒用的東西》、非虛構書寫《滌這個不正常的人》、散文《小廖與阿美的沖印歲月，還有攝影家三叔公》。曾獲第二十屆台北文學獎文學年金、二〇二〇年台灣文學金典獎等。瞇是細細地看，慢慢地想，現居台東鹿野。

illustration = rosa.lee.tw

回高雄老家時去銀行辦事，銀行離家約五分鐘的腳程。年紀有了，終於肯花心思拿出保單好好來瞭解一下，我逐一問理專一些問題，比較著這份那份保單哪個比較適合自己。最後我說我回去想一下，「下次回高雄時再決定。」

你平常不住高雄嗎？理專問。我說住台東，「台東喔，喔喔那邊空氣好喔。」我點點頭說對呀。「在那邊工作嗎？」理專又問。我歪頭想了一下後說，在那邊生活，說完後自己覺得這回答有些奇怪，不管住哪裡不都是生活嗎？「我有個主管被調去台東，他就很不習慣，平常不知道要幹嘛。」我知道理專只是閒聊，不用太認真思考怎麼回答，但腦袋卻開始轉——台東很大，你主管住的台東可能不是我的台東，住在台東市跟住在鹿野的生活感也截然不同，但我知道他想問的其實是：「住在台東，會不會很無聊？」

這大概是最常被問的問題。

二〇一三年剛從台北搬到鹿野，從來沒住過鄉下的我卻也很快適應了，記得剛落腳的老屋子，紗窗還沒封，地面坑坑巴巴，那天晚上家當剛下貨車且遇上傾盆大雨，但我覺得很幸運，住的地方有廁所而且乾淨，有熱水可以洗澡，有帳篷可以搭在屋內休息，剩下的可以再慢慢著手整理。

十二年前的事，現在依舊印象深刻，簡直像在腦中成了版畫，我記得那天半夜起床上廁所，牆面有整排的螞蟻，還有拉牙。那是我第一次看到拉牙，學名白額高腳蛛，一種不吐絲的蜘蛛，會吃蟑螂。我坐在馬桶上一邊看牠們，那是一種不同於都市的身體感，不會想著要驅逐牠們，反而有種不好意思啊我們人類住到你們的地方來了。

搬來鹿野前把台北的編輯工作都辭了，其中有份工作只要有網路就可以做，但搬到這裡來還做著跟台北一樣的工作好像不有趣，好像限縮了自己的可能性。那段日子真的很空，可以一整個早上都在看書，而且不是為了工作，那時我還沒出書，還沒走上寫作之路。我有大把大把的時間去認識新的世界。跟著朋友走進田裡手插秧，第一次捻起秧苗，生怕把苗折壞，朋友說不用這樣小心翼翼：「秧苗也是草。」第一次手割稻，腰腿痠到不像是自己的，後來才知道現在幾乎沒什麼人在手插秧，也沒什麼人在手割稻了。我看著收割機走進田裡像理頭髮，稻田瞬間變成像三分頭；看著穀子透過管子轟轟轟的掉進袋中，「一袋米是一百斤，習慣都說包啦，慣行農法一分地可以收十到十二包，無農藥無肥料的，一分地收四到五包算很不錯。」ㄍㄨㄢˋㄒㄧㄥˊ是哪兩個字，是什麼意思？一分地有多大？這些對我來說都是新的名詞，還好我有很多時間可以慢慢認識，我被空空填滿。

那時常被台北的朋友問，都在做什麼。後來我寫了一首詩，就叫〈做什麼〉——

你們住在鄉下
都在做什麼

那隻兔子一直趴著
在做什麼

星星在那邊亮著
做什麼

雲從這裡飄到那裡
做什麼

那段時間我寫了很多詩，可能因為空空，我有很多空空的時間，可以去感覺。當然不是說沒有空空就沒有感覺，不會感覺，只是如果生活被工作塞滿，就只能感覺到工作了。而可以感覺空空，或是說有餘裕感覺空空，可能是因為想要的很少。

剛搬到這裡時，存款剩六萬塊，但我卻不急著賺錢。當時第一個落腳處，分租起來一個月一人只要五百塊，加上平常吃食花費極低，估算起來一個月的生活費只要五千塊，這樣的花費真的可以很任性的選擇自己的工作跟生活。我開始做拓繪，賣拓繪T恤，鄰村的小學找人去上社團寫作課，我什麼都不懂不知道怎麼教就去了。不是因為很會才開始做，而是想做才慢慢了解、累積心得，幾乎所有的事都是這樣，寫作也是。

現在我回想這些，記起這些都是因為空空，卻也因為漸漸習慣了這裡的生活，無形之間被習慣的工作慢慢變多了。嘗試新事物的時間變少了，被進度追著跑塞滿，今年五月，所有的工作都卡在一起，現在明白滿是因為想要的太多，但我卻也不想批評自己，我知道那是因為覺得所有都很重要。但有時我仍會想起去爬山，住在山裡的時候，以及去年九月去澎湖，帶了一個背包住在一個空空的大禮堂，在海堤邊搭帳篷睡覺，那時會想起活著需要的東西很少，會想起不在意的感覺，不在意人生中那些被認為該在意的東西，比如金錢、成就。

剛剛我寫到一半，跑去坐在樹下。家旁邊有棵好大長成像是兩棵的樟樹，我們在上頭綁了鞦韆。我坐在鞦韆上，今天要截稿了有點緊張，我還沒寫完呢，收尾該往哪個方向去呢？我坐在鞦韆上，時間瞬間緩下，蟬叫得好大聲，樹幹有好深的紋路，這是花多久時間才長成的呢？周遭的一切好吵又很靜，我感覺著他們靜靜的活著，小小的葉子飄下來，他沒有要做什麼。我該用他還是它呢？這是人類才會執著的事。我眼前沒有任何一個人，沒有人的時候我想起這一切都不用急，不用緊張。

我可以空空的，像植物一樣，像一片落下來的葉子，像很吵的貓。V

View

地方通信⑵

翻過盆地邊緣那座山，才看得見未來

陳茻——

text = **陳茻**

台大中文系、政大中文研究所碩士。與點堂堂主、野渡書屋校長，從事體制外的國語文教育超過十年，著有《地表最強國文課本》等書。經營臉書專頁「地表最強國文課沒有之一」及 Podcast 節目《海邊的人夫卡之陳茻力場》。現居三芝海邊。

illustration = **rosa.lee.tw**

我至今依然覺得，住在海邊是一件浪漫的事。

第一次遇見我們現在的家的那天，院子裡有紫藤花，廚房的窗外可以看到海。那時候是春天和夏天的交界處，我們翻山過嶺，找到了可以吹到海風的世外桃源。

溽暑多半是黏膩的，在多雨多山的台灣，住在海邊其實並不那麼浪漫。來到這裡之後，我默默發現抓漏、刮除壁癌和擁有可愛小花園，是可以同時發生的日常。

記得搬來的第一個夏天，我到市場買了很多海鮮，在簡單裝修好的老屋裡烤著牛奶貝生蠔，想辦法用鐵吸管戳進椰子的眼洞。那是我所想像的海的生活，過去一年只會去一兩回的觀光地，如今都在家的附近，我們終於慢慢看盡了這些沙灘遊客散去後冷清的樣子，在海邊踩了滿腳的沙子之後，可以不用仔細沖洗，反正很快就能回到家。

我一直覺得關於「海」的印象是被營造出來的。陽光、沙灘、海浪、仙人掌，這不只是外婆的澎湖灣，而是住在城市裡的人們，想像「海灘」該有的樣子。我不確定有多少人為這些憧憬而來，早年的房價比現在更便宜，有很多事業有成的人在這裡置產，數十年過去，留下大量荒廢的空屋。

有意思的是，這裡依然有「新來的人」。有個概念叫「島內移民」，指的就是像我這種後來才搬過來的人。來到這裡的官方原因是好山好水，更實際的原因是房價只有台北的五分之一不到，想要有個安身立命的地方，要翻過盆地邊緣那座山，才看得見未來。

此前我並沒有想過這樣的生活。在台北讀書，看的是人人出國留學、工作，聽的是遠高於平均收入的薪資，才畢業沒幾年，身邊的人似乎都慢慢「功成名就」，某幾個瞬間會懷疑自己是不是一直停滯不前，也不知道未來該何去何從。這些焦慮被藏得很深，但我沒有想過，重新審視自己理想生活的起點，來自於「房價」。

我在三芝遇見的人，有很多跟我一樣是外地來的，我發現他們多半也是為了房子便宜，最後默默選擇在這裡落地生根。這裡的生活機能並沒有那麼完善，確實大部分該有的都有，但最近的醫院在淡水和金山，過去至少半個小時車程。進城最快的路線需要四十分鐘，而且那是熟門熟路的人才能有的「成就」，山路上拐錯一個彎，再加十幾二十分鐘。

當初在找房子的時候，我們因為這個距離而猶豫許久。大多數的人都覺得這裡是「遠得要命王國」，但仔細想想，生活追求的到底是什麼呢？以前住在台北的時候，車位不好找，出門搭車遇到尖峰時刻，也是要半小時到一小時。如今我們住得遠，但有一半的通勤時間可以看山看海，提早出門變成習慣，有時候深夜驅車回家，在長長的路上，會有一種出遊異國的錯覺。

很難想像就只是一兩個小時的距離，已足以隔出兩個世界。三芝北海岸一帶確實充滿了「異國情調」，那是過去某時期的老台灣記憶，不知從何時開始，社區、商店，開始大量出現「洋味」十足的名字。米蘭、佛朗明哥、普羅旺斯……這些跟實地完全無涉的「地名」藏在大街小巷之中，只有真正在這裡生活過的人，才會知道這些「外國名字」才是正港的台灣味、北海岸風情。

而在當地孩子眼中，大城市依然閃著金光。

我在北海岸的第二年，就因著職業病，真切感受到偏鄉教育資源的匱乏。在城裡教書教久了，很習慣談教育改革、談升學、談理想。但來到這裡之後，發現連找個穩定的，能好好陪伴孩子的老師都有困難。全台灣不知道有多少流浪教師，也有許多人哀愁找不到工作，但在這裡一切都不一樣。附近的國小缺的教師科目清單，開出來大概可以組成另一間小學校。

為了多少幫點忙，我在地方上開了寫作課，也慢慢與在地的家庭有了聯繫。有一次我問孩子們，長大想住在哪裡？他們說想搬離這裡，到淡水、到台北，到那些方便而繁華的地方。不知道人是不是都這樣，對自己住的地方太熟悉，卻不習慣去珍惜身邊的事物。我從台北來，厭倦城市裡的一切，才愛上這裡的山和海。三芝的孩子給我相反的夢，他們來自山海，要到城裡找未來。

我給孩子三個詞的空間，要他們描述家鄉。有一個女孩順手寫了：山、海、梯田。她是住在靠山那邊的孩子，梯田是家門口的風景，嵌在彎彎的山路邊，也嵌在時代的夾縫裡。

在地的前輩告訴我，梯田早已不合時宜。生產力不足，而我們，也早已不需要用這樣的方式與山林爭地。這裡的田多半不大，碎在山裡的鏡子，藍天白雲倒映在上面，依然是一幅畫。

這裡的孩子愛跑愛鬧，有時候父母晚回家，就在小路上看蜻蜓、抓獨角仙，揀樹子、折芒花。而這時代每一個偏鄉也都一樣，孩子們終將在網路上看見花花世界，慢慢堆積起對城市的嚮往，還有對未來的迷茫。

今年夏天，一個國中女孩因為考試壓力大，跑來問我該怎麼辦。她和城裡的孩子不同，沒有被逼著讀書，溫柔善良，卻終究開始徬徨。我沒能在那麼短的時間教她任何關於考試的事，只是看著她，輕輕告訴她：「妳很棒，也很努力，不要太緊張。像妳這樣的好孩子，到什麼地方都會很好的，放輕鬆，好好去考試，考完也好好過日子吧。」女孩突然哭了起來，說了謝謝，轉身離開。一個月後她捎來訊息，說考得不錯，謝謝。

有時我會想，這裡少了很多東西沒有錯，但身為一個教書的人，這裡也有很多事可以做。而也因著這些，至今我依然覺得，住在海邊是一件很浪漫的事。Ⓥ

View
地方通信③

閃き堂・一百六十年老屋裡的宇宙

林家瑜——

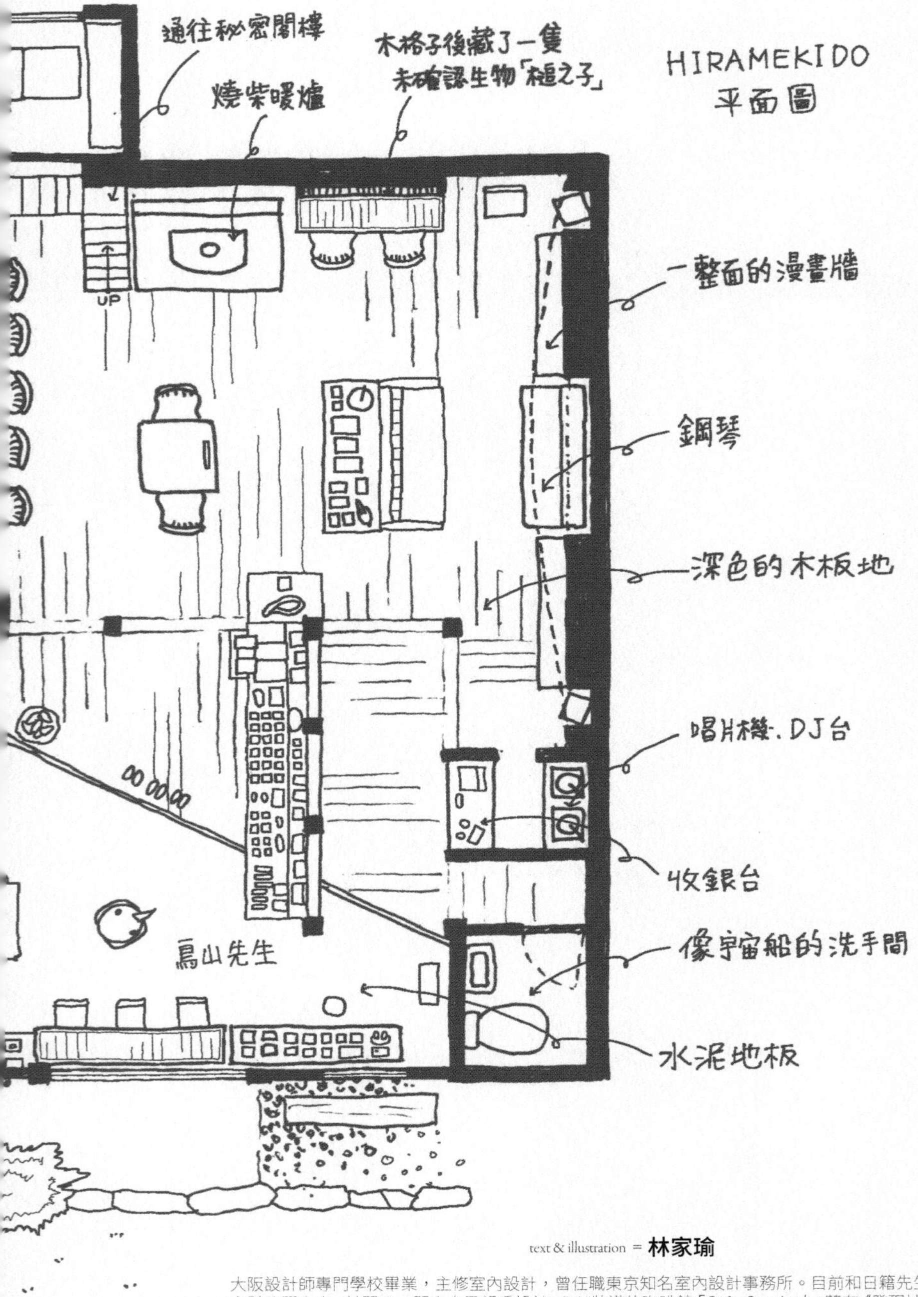

text & illustration = **林家瑜**

大阪設計師專門學校畢業，主修室內設計，曾任職東京知名室內設計事務所。目前和日籍先生定居日本岐阜縣飛驒高山，並開了一間由自己親手設計、DIY裝潢的咖啡館「Cafe Courier」。著有《發現城市咖啡館》、《紙上咖啡館旅行》等書。並自費出版《スケッチで巡るカフェの旅》系列作四本，包含東京、飛騨、福岡、札幌等主題。

日本岐阜縣高山市是滿多人喜歡來旅行的鄉下地方，邊境有個宇津江四十八瀑布可以健行，這家不可思議的喫茶，就位於瀑布的山腳。

店主人谷澤夫妻因懷了雙胞胎女兒，決定從都市搬回位於岐阜縣北部飛驒地區的先生老家。在尋找落腳處時，對這棟屋齡一百六十年的老屋一見鍾情，花了兩年時間與建築師一起裝修，一半住家，一半開店，在老屋裡全力展現了他們的宇宙，二〇一九年九月開張，命名為「閃き堂」。

Store	閃き堂
Address	岐阜県高山市国府町宇津江 1492
Hours	11:00-16:00（不定休）
Website	hiramekido.com

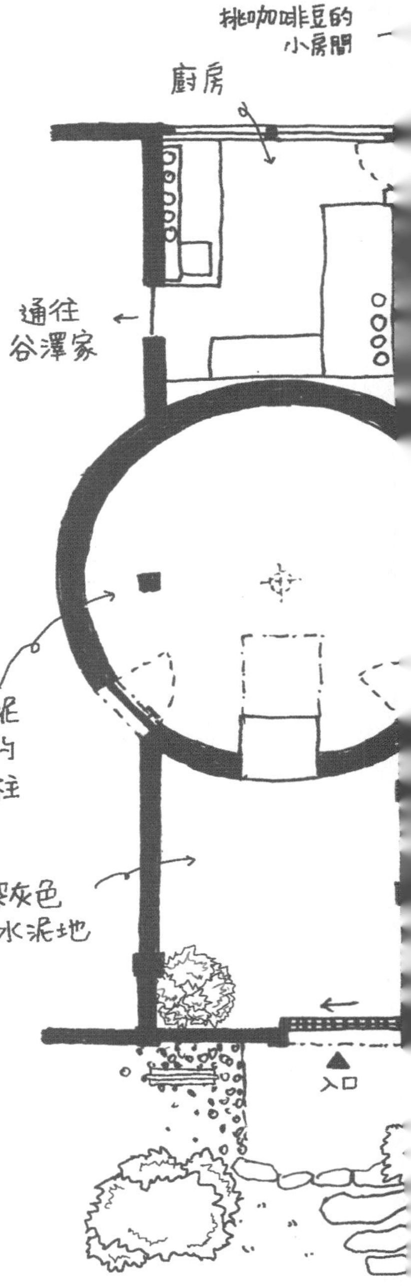

走過前庭，拉開玄關木門，先是傳來一股檀香味，耳朵聽到的是宇宙磁場音樂，眼前看到的是一座巨大水泥圓柱體。不可思議的氛圍，讓我帶著會被外星人抓走的忐忑，進到這個似乎可以與天對話的圓柱體裡，接著發現有兩扇門……奇幻旅程就這樣展開。

推開喫茶的門，鳥頭玩偶裝的鳥山先生迎接著客人，換上拖鞋，腳踩著會嘰嘰叫的木地板，觀察著挑高空間裡老屋帥氣的骨架，高處的牆是店主一個人用削薄的木片花了好幾天才貼滿的，寒冷地區不可缺的燒柴暖爐旁，有個小樓梯通往祕密閣樓。我注意到了大樑吊著兩顆旋轉鏡球，有音樂活動時轉動，

→你找得到另一個圓嗎？

這裡最讓人注目的，無非是在建築物中央，那個似乎可以通天的圓柱體。每次要進到那個圓柱裡都要先深呼吸。

有次來拜訪時，谷澤先生偷偷跟我說，「我們店裡其實還有另一個圓，不知道妳有沒有發現這個祕密？」

找了半天摸不著頭緒，他指著那面漫畫書牆……啊！牆面微妙的弧形，不就是他說的另一個圓嗎？

這個弧形如何延伸，任憑看的人自由想像，延伸出來的另一個圓，或許是另一個宇宙時空也不一定。

據說反射光讓附近田地都閃亮亮，順便把愛吃農作物的山豬嚇走。對了，還要記得去洗手間看看，那裡是一艘宇宙船！

主牆邊放了一台鋼琴，包圍著鋼琴的是一整面的漫畫書牆。谷澤先生是位旅行世界尋找靈性的音樂創作人，他的音樂裡總是有個小宇宙，又同時是位專業漫畫評審，從店裡的漫畫書牆裡，為客人推薦符合今日心情的漫畫。

店名的「閃き」(hirameki) 為靈光乍現之意，這裡的每個環節都為客人的腦漿帶來刺激，試試看把身體思緒融入空間裡，讓感官全開，走出店外時會有種說不出來的暢快！Ⓥ

→宇宙級的香料咖哩飯

谷澤先生不但創作音樂，精通漫畫，還會自己烘咖啡。店裡的招牌除了他用虹吸壺煮的精品咖啡外，還有負責料理的谷澤太太特製的香料咖哩飯。

這個香料咖哩飯很不簡單，多達八種配料讓每一口都有變化。從自己搭配的香料開始炒，淋上椰子辣油的咖哩醬讓人瞬間來到爽朗的南洋，黑芝麻的鷹嘴豆泥配上尼泊爾花椒和粉紅胡椒粒，蒙上一層中東神祕面紗，香菜和薑絲又帶我回到台灣路邊攤。

吃完這盤香料咖哩，有種環遊世界一周，喔不，是環繞宇宙的錯覺。結束後去爬個小山看瀑布，再去附近的遊湯館泡個溫泉，這天的行程一定讓你充滿能量。

Dialogue
深度對談

李佩書╳何欣潔：
說一個台灣三六八鄉鎮的故事

text＝編輯部

在二十一世紀，要談台灣最重要的地方媒體，絕對不可能繞過《微笑台灣》。二〇〇〇年，台灣首度經歷政黨輪替，社會上瀰漫著興奮、不確定與渴望認識「本土」的空氣。有鑑於此，二〇〇一年，《天下雜誌》進行了一個前無古人的大型策劃：動員全體編輯部，走全台319鄉鎮市，製作《319鄉向前行》專刊。

在當時，《天下雜誌》精銳盡出，派遣數十位記者，上山下海，為每一個小鄉鎮都寫一則故事。對於一般新聞機構來說，這可說是罕見而大膽的決策。

然而，《319鄉向前行》專刊推出之後的熱烈反響，證明了當初的決策完全正確。隨之推出的「鄉鎮護照」集章活動，更引發全民國旅熱潮。根據官方數字，該護照在二〇〇一年、二〇〇五年兩次發行，都印製超過一百萬本。經過行腳、集章等高人氣線下活動，以及後續《微笑台灣款款行》等特刊強力接棒，「微笑台灣」可說已是台灣高知名度、高辨識度的「地方報導」國民品牌。

不過，在過去，「微笑台灣」相關特刊在《天下雜誌》的事業體中，始終仍是「特別企劃」的地位，沒有成為定期出版的雜誌刊物。直到二〇一六年開始，《微笑台灣》成為每季固定發行的季刊，並由李佩書出任主編。自此以後，「微笑台灣」不只是給讀者的地方旅遊指南，也深度追蹤全台各地的地方發展，並記錄鄉村工作者努力的身影。

但或許少有人知道：李佩書不僅是微笑台灣的現任總監，同時，也是因為她勇敢向公司爭取，將不定期出刊的「微笑台灣」策劃，轉型為定期出版的季刊；將燦爛的專題煙火，化為每季細水長流的陪伴，並承受隨之而來的財務與經營壓力。

當年身為集團菜鳥的李佩書，到底哪來的膽子提案要公司把「微笑台灣」轉型季刊？是什麼樣的神奇的經歷，激發她對「台灣地方故事」的無限熱情？如果讓她以政策主導者的身分，給台灣走到中途的「地方創生政策」一帖藥方，她會開什麼藥？

二〇〇一年的「319鄉」是經典傳奇，但在二〇二五年的《微笑台灣》季刊，同樣也會是三十年後的台灣，希望記住的風景。為了替明日留住歷史，我們在今天替你跟李佩書聊了聊。

李佩書

曾任《微笑台灣》執行編輯、主編、副總編輯，現任《微笑台灣》頻道總監。編輯採訪超過十年經驗，編有《十島款款行》、《鐵馬款款行》、《山林製造》、《廟宇覺旅》等書。

何欣潔

曾任端傳媒台灣組主編，策劃並執行「台灣農產列傳」等地方專題，著有《斷裂的海：金門、馬祖，從國共前線到台灣偶然的共同體》。現任離島出版社長兼總編輯、《地味手帖》總編輯。

何欣潔●（以下簡稱**何**）佩書製作台灣地方主題內容也有十多年了。你第一次以身體感受到「地方」這個概念，是什麼樣的時刻？

李佩書●（以下簡稱**李**）二〇一三年，我在做《微笑台灣款款行》的時候，我的主管蕭錦綿給我指定了一個題目。她說，你知道澎湖七美家家戶戶都是船長嗎？你去把那些船長找出來，訪問他們。

我那時候還很菜，拚命聯繫、找人，終於找到一個船長，他說他凌晨要帶一群陣頭從馬公去七美出陣，剛好可以帶我一起過去。船一路晃到了七美，下船之後，我在碼頭附近到處找人問：「你知道誰是七美最厲害的船長嗎？」大家回答我：「你去找『穿皮衣』的人，他就是我們最厲害的船長。」那天天氣很熱，我心想，到底誰會穿皮衣在這裡走來走去啊？後來，我遠遠看到了「老兼」船長。他打赤膊，上半身被陽光曬到變成幾乎是黑色的，原來這就是他的皮衣。

何 這是一個很有地味的說法！誰能想像得到，船長的「皮衣」是他被太陽曬黑的痕跡？這是跟土地生活在一起的人，他使用語言的一種幽默感跟創意。

李 老兼船長是七美人公認最優秀的船長，當時已經退休了。但他在退休前，就已經意識到海洋資源枯竭的議題。他說他年輕時捕魚，隨便抓都一大堆，但到接近退休的時候，魚已經愈來愈少了。所以他退休後還是天天出海，去巡視、守護七美附近的某一處珊瑚礁海域。

我很想訪問老兼船長，但他不想被我訪，一直躲我。我不放棄，跑去敲他家門，他躲在家裡不出來，我就直接坐在他家門口等。最後他實在沒辦法，只好答應帶我去看他每天巡視的珊瑚礁。

他駕著小舢板出海，帶著我們來到海上，說聲「我要下去囉！」就直接下潛。裝備非常簡單、也沒帶氣瓶，但卻下去了好久都沒有上來，我緊張到不行。那段等待的期間，也許並沒有真的很長，但對我來說，卻過了很久。最後，他終於上來了，手上還拎著一隻臭肚魚。

我那時候已經暈到要不行，求他趕快帶我上岸。老兼船長很無奈，說「你怎麼這麼無效（編按：bô-hāu，沒用的意思）？你們都市人真的無效。」

上岸之後，老兼船長開始介紹其他船長給我認識，其中一位船長容貌很特別，他的一隻眼睛明顯受過重傷。他說，他在澎湖淡季的時候，跑了幾趟遠洋的船，結果遇到海盜。海盜登船搶劫，把他往死裡打，他忍痛按下緊急求救按鈕，剛好有一艘也是七美人當船長的船在附近，趕緊過來救他，才讓他保住了性命。我訪問的那天，救他的船長剛好也在旁邊。你知道那種阿伯，就是一邊喝酒、一邊說「對啊！如果沒有我，他那天就死了。」

那一刻我感覺到：原來新聞裡的那些事情都是真的。如果我不曾來到七美，我在電視上看到一則海盜搶劫的新聞，我只會覺得「那是一條新聞」，我不會有任何真實感。但現在，新聞的主角就站在我面前。

我當時在想，一樣都是台灣人，但彼此的生活經驗竟然如此遙遠。感覺好奇妙。

我深深體會到，每個地方都擁有自己的故事，如果不曾親身到過地方、走過去跟當地的人聊天，你會永遠錯過這些時刻。

我還記得，我當初問那個趕去救人的船長說，「船長，我要怎樣才能不暈船？」他說，「你不要怕，就不會暈。怕，你就輸了。」我當然知道這不完全是真的，但我把他當成一種哲學。這是船長跑船一輩子的心得，我一直都記在心裡。這就是我第一次感覺到，什麼叫做「地方」。

與地方建立長期的關係

何 確實，認識「地方」這件事情，有一部分就是將原本屬於「遠方」的世界，拉到自己生活裡，讓他方的異質性來刺激我們的日常，進而使我們原本的世界變得立體。

從這個角度來講，《天下雜誌》從《319鄉向前行》開始的系列策劃，是台灣地方報導很重要的一頁歷史，讓許多讀者認識台灣「地方」的美好。你當初是怎樣應徵上這份夢幻工作的？

李 三十歲之前，我一直找不到人生方向，我很想做文字工作，但不知道怎麼開始。後來去面試《微笑台灣》特刊的工作，發現這份工作竟然可以去台灣這麼多不一樣的地方，我當場就表現得非常積極，也很幸運最後順利錄取了。

但在當時，「微笑台灣款款行」只是一個專案。專案結束後，蕭錦綿總編輯原本提議把我轉介到其它部門，但我跟她說，「我真的很想繼續做《微笑台灣》，我們能不能把它做成固定出刊的季刊？」

何 這個提議很大膽。二〇一六年其實已經是紙本雜誌銷售開始下滑的時代，你竟然還想提案做固定季刊？你覺得「季刊」形式可以做到的是什麼呢？

李 其實當時天下內部不是沒有遲疑的聲音。但我真的很感謝蕭錦綿總編輯，她去社內極力爭取，然後也很感謝殷允芃發行人的支持，最終讓這個夢想成真了。

於是從二〇一六年開始，《微笑台灣》從不定期的特刊，變成了一本固定出刊的季刊。不過，我當時也很有自信去爭取這件事情。我跟他們說，以前不管是《319鄉向前行》、《微笑台灣款款行》，都好像一次絢爛的煙火，不定期去說一些台灣美好的故事，固然很棒，但也很難跟地方有長期的累積與交往。我相信，以季刊形式發刊的《微笑台灣》，可以做好這件事。

中間季刊也轉換了很多形式，最後一次轉型是在二〇一九年，可以說奠定了現在的樣子。用「負責任的旅行」、「單車旅行」這樣的主題，去做每一季的地方內容報導。

在多年訪問的過程中，我隱隱約約看見了一種趨勢、一種潮流，我也觀察到，人們開始從城市往地方移居、流動。我相信我、相信《微笑台灣》這品牌，一定可以為了這件事情做什麼。

打造更有彈性的沙盒制度

何 如果有機會讓你制定一次台灣的地方政策，你擁有一張「許願卡」，你會用來許願台灣有怎樣的地方政策？為什麼？

李

地方應該是一種擁有韌性的「小事業」、「小單位」的集合體，它的迎風面相對小，但韌性也很強。我希望，接下來地方發展的事業，都應該做地方真正需要的事情。就算爆發疫情，甚至戰爭，短期內沒有外人來了，地方都還是需要你，這才是真正可以在地方永續經營的事業。

如果一定要選擇一個工具，我會希望地方創生可以擁有更靈活的沙盒（Sandbox）實驗空間，謹慎而大膽地往以上我說的這個方向擴大。譬如在馬祖建立更多微型的工業用地區域，讓類似西尾半島物產店這種商家，不用自己花這麼多力氣去建立合法的小工廠。

在地方上看到許多問題，其實真的都是法規問題，我認為必須從中央的角度來著手，打造一個更有彈性的沙盒實驗制度，讓更多有意義的創新發生。

何

其實政府在面對其它新興產業的時候，是有相關經驗的。例如二〇一七年時引進金融監理沙盒制度，雖然最後被業界批評落實的程度不夠，但法源依據起碼就在那裡。就我個人觀察，好像地方創生始終沒有被當成一個「產業政策」來看待。

我這樣說，可能會有人反駁我，說地方創生不是只有產業面向，還有其他的社會面向、文化保存面向等等。但應該把這幾個面向分開，以不同的邏輯、制度、資金運作的方式，來面對未來的地方工作。然後在產業創新的部分，認真考慮引進你所說的沙盒制度。否則，現在大家感受到的種種困境，應該是很難擺脫的。Ⓓ

登機證享優惠！
登機證變優惠券！

2025 年 1 月 1 日至 2025 年 12 月 31 日，旅客持立榮航空國內線登機證至配合之店家，消費即可享有超值優惠！

搭乘立榮航空，探索台灣的地方之美！

前往澎湖、金門、馬祖、花東及全台各地，可以享有租車、體驗遊程、餐飲、購物、飯店與機場接送的各種好康優惠。

Boarding Pass = Special Coupon!

活動詳情及更多優惠
請查閱立榮航空官網

地味手帖特選推薦好店

馬祖 **小柒咖啡**

1. 咖啡產品優惠二擇一：(1) 滿千享 9 折。(2) 滿 500 元折 50 元。
2. YAHOCHOCO 戰地標語巧克力買 4 送 1（以現場庫存為主，無法指定字樣）。

地址：連江縣南竿鄉介壽村 181 號（介壽獅子市場 2F）；連江縣南竿鄉馬祖村 94 號

馬祖 **西尾半島物產店**

1. 來店消費滿 500 元，贈馬祖特色小食乙份。
2. 店內物產滿千享 95 折優惠。
3. 昆布體驗季（4-5 月）. 淡菜體驗（7-12 月）體驗活動享 9 折優惠（芙蓉澳海域限定，依店內公告為準）。

地址：連江縣南竿鄉四維村 21 號
營業時間：週一至週五（10:30-18:00）；週六至週日（11:30-20:00）；週三公休。

註 1：當天出示本人 7 日內之紙本或電子登機證已示證明
註 2：體驗活動需 7 天前預約（六人成團）
註 3：咖哩主餐需預約
註 4：預約方式（西尾半島臉書）或電話
註 5：營業時間依店家公告為準

澎湖 **年年有鰆**

官網預定體驗活動，輸入折扣碼 UNIFISH 享 9 折優惠，包括澎湖魚市場導覽、傳統敲魚乾、魚拓製作、魚標本製作等體驗。

地址：澎湖縣馬公市臨海路 4 號

註 1：體驗活動當天需出示本人 7 日內之紙本或電子登機證以示證明
註 2：體驗活動需一天前預約，魚市場導覽需四人成團（其他體驗活動不限人數）

UNI AIR 立榮航空

Workshop
地味學堂

由下而上的力量
馬來西亞華人新村如何從凋零到重生

MALAYSIA Selangor

走過七十多年歷史，馬來西亞的六百一十三個華人新村近年遭遇人口老化、年輕人外流、產業沒落等挑戰。但新新村社區聯盟的成立，不僅創造互助、共享的網絡，還集結「由下至上」的力量，正以新視角定位、活化新村。

本堂課學習目標	
1	從街頭走進體制，如何調整心態與作戰方式。
2	參與社區營造，如何取得在地居民信任、突破層層心房。
3	不再「由上而下」，而是借重「由下至上」的力量。

text = 蕭玉品　source = 馬來西亞雪蘭莪州觀光局

1／「新村領袖培力大會」中的特設展區。
2／「島嶼島」快閃實體書店。

午後斜陽映照在街道上，幾個長輩坐在家門口，輕搖蒲扇、和左鄰右舍有一搭、沒一搭話家常。這是馬來西亞六百一十三個華人新村中，常見的景象。

一九四八年，英國殖民政府為了阻止郊區華人和馬來亞共產黨游擊隊接觸，設立華人新村，形成華人聚居、承載豐富歷史文化的新村落。如今，走過七十多個年頭的新村，正面臨城市加速發展，年輕人紛紛離開、尋求更好機會，導致人口老化、產業沒落、文化斷層等等的嚴峻挑戰。

但二〇二〇年，以「新視角重新定位、活化新村」為目標，成立的「新新村社區聯盟」，正悄悄為新村注入嶄新活力與希望。而促成這波擾動的關鍵推手，便是馬來西亞雪州旅遊局總執行長蔡依霖。

自馬來西亞理科大學人文系畢業的蔡依霖，在學期間，便經常參與各式民間運動，包括白沙羅中華小學（下稱「白小」）保校運動、原住民社區土地保育運動，都可看見她的身影。她會前往全國不同城鎮，向當地民眾宣講白小的故事，也會跟著人稱「大聲公」、白小保留原校爭取分校工委會（工委會）的前主席熊玉生，動員各地華裔草根組織、與政府對話。

正是因為廣泛參與政治、社會運動，讓蔡依霖體認到，社區裡原民的聲音相當重要，因此她決定在畢業後，直接投入支持青年關注社區、社會的事務。

二〇〇八年，馬來西亞經歷政治大海嘯，長期執政的國民陣線，在第十二屆全國大選中，遭遇一九七四年成立以來的最大挫敗，檳城、吉打、霹靂和雪蘭莪等州首次出現政權輪替，由反對黨執政。這也讓蔡依霖成為雪蘭莪州行政議員黃潔冰的助理，有機會從街頭運動走進體制內。

蔡依霖笑稱，過去自己和夥伴都在民間活動，終於獲得為人們發聲的權力，總想著要貢獻一己之力。沒想到進入體制後，才知道執政真的沒那麼簡單。一方面是整合各方資源不易，另一方面，是連人民都缺乏公共參與的意識，人們總認為，民主就是每五年一次選舉，選出人民代議士後，所有問題都會迎刃而解，「實情是，換了政府，不代表問題就會解決。」

但蔡依霖仍積極深入各地新村、挖掘社區需求，包括二〇一三年，出任霹靂十八丁州議員，因此增加了與第一線接觸的機會。

看見社區營造的可能

位於馬來西亞北方霹靂州沿海的十八丁（Kuala Sepetang），是典型的馬來半島華人漁村。蔡依霖深深記得，剛到十八丁時，長輩就告訴她，自己的家鄉缺乏生機、活力，當地年輕人為了尋求更好的發展，早已前往新加坡打工。又或者是十八丁位處馬來西亞最大的紅樹林內，木炭、炭窯業相當興盛，但許多十八丁的居民，普遍覺得被稱作「黑金」的木炭產業又黑又髒，從未去過炭窯。對此，蔡依霖毫不介意，反而花費大把時間，研究炭窯產業、燒製過程和相關建築。

另外，蔡依霖帶著外來攝影師前往連接十八丁、過港漁村的天橋上拍照時，居民都覺得奇怪，心想下方不過就是港內河（Sungei Reba），那些船、老房子，到底

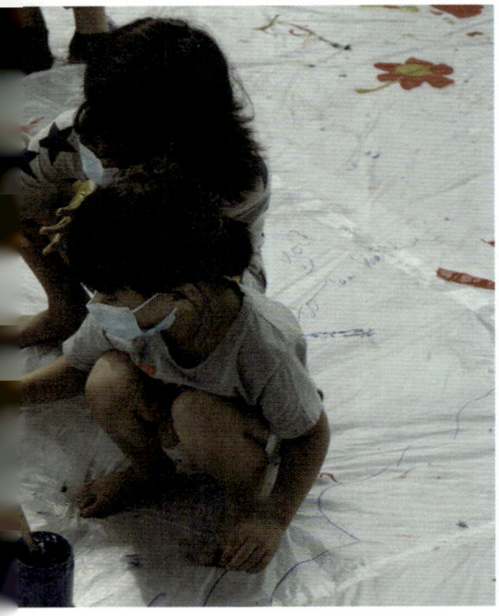

1／由新新村社區聯盟與其他單位共同舉辦的走讀系列活動。

2／台馬社造學堂的線上活動。

有什麼好拍的？可如今，天橋已成為所有遊客造訪十八丁時的必訪之處，人們搶著按下快門，記錄十八丁獨有的水上風情。

在地居民的種種反應，讓她體認到，「欣賞美」也需要一個過程，「居民對於生活的環境，太過習以為常，忽略了自己原來住在一個那麼美的地方！我也藉此理解，自己看到一些他們沒看見的東西。」因此她和團隊舉辦了第一屆「看見十八丁社區嘉年華」，希望居住在十八丁的村民，先看見自己家鄉的價值所在，開始熱愛、守護生活的地方，並陸續舉辦系列活動，看著人們果然逐漸打開心房，接受新事物、新觀念，並發掘家鄉的美好，「這就是社區營造、地方創生帶來的最大改變。」

蔡依霖特別提到，要想突破居民心防，她人民代議士的身分，確實搶占先機，「但更關鍵的是，要真正走進社區，和所有人一起投入。」像是她真的住在當地，和團隊動手撿垃圾、維護環境整潔，博得當地人們信任，才能慢慢帶動改變。

二〇一八年，馬來西亞完成首次政黨輪替，由人民公正黨、民主行動黨、國家誠信黨和土著團結黨等政黨組成的希望聯盟上台，過去一直由馬華公會部長負責的新村發展部，轉而交由房地及地方事務部長出掌，蔡依霖則出任新村發展部事務官。

從人民代議士，再到執政官員，蓄積不少推動社區營造、地方創生養分的蔡依霖認為，過去國家、城市的治理，較偏重硬體發展，忽略了軟體建設，連新村裡的老一輩都覺得，年輕人應該要走出新村，才有機會與希望，

1｜2／新村發展部舉辦的為期兩天一夜的「新村領袖培力大會」。

3／新新村攜手駐馬來西亞台北經濟文化辦事處，舉辦「台馬社造學堂」。

只有沒選擇、沒受過高等教育的人，才會被留在新村，「但新村具備豐富的人文歷史、自然生態元素，是建構軟實力的極佳條件。我們應該著重推動軟實力，以新視角、新作法、新格局來看待新村的發展。」

於是隔年，新村發展部舉辦了兩天一夜的「新村領袖培力大會」，邀請全國華人新村的管理委員會、村長與會，除了有專家學者講課，還設置了一個展區，展現「看見十八丁」、「加影文物館」等民間自主動起來且小有成果的社區能量。蔡依霖強調，過去政府辦的活動，多由有頭有臉的知名人物向與會者演講，但培力大會是由深入社區、動手做實事的實踐者，分享自身經驗。由於每個社區情境不同，比方說，同樣都是漁村，漁民是以近海還是遠洋漁業維生，是捕魚還是捕蝦，生活習慣、形塑的文化都大不相同，「這個社區適用的方式，未必適用在那個社區。」藉由第一手經歷，管理委員會、村長可以回頭省思自己社區的特色、需求，並回去和地方討論，逐步凝聚出共識與作法。

串接由下而上的力量

為了延續培力大會的能量，二〇二〇年，蔡依霖再集結眾人之力，成立「新新村社區聯盟」，一一盤點社區人脈、網絡，持續活化新村與培力人才，「要想把十八丁的那樣的『單點』，串成『線』與『面』，地方上人的dynamic（脈動）很重要。」

蔡依霖解釋，台灣投入社區營造，可能是由民眾一票票選出的村里長，擔任發動者；但馬來西亞的村長是透過政治委任，經過政黨輪替後，很可能出現政治角力，又或者是在某些地方，地方神廟的力量大於政治，想要展開社區營造、地方創生，一定要先盤點地方的人與網絡，突破過去「由上而下」的政治委任，發揮「由下至上」的力量，「我們希望由新新村建立平台，創造互助、共享的網絡，讓每個社區都動起來，再搭配政府的政策和資源，為社區帶來實質改變。」

自二〇二一年起，新新村便開始舉辦「社區計畫大賽」，鼓勵團隊以永續發展為核心，提出藝術創作、生態保育、商品設計、創意行銷、閒置空間活化、文化保存與維護等各種提案。有些團隊將榴槤、咖啡等作物升級、產業化，研發相關加工品；有團隊耕耘循環經濟，將塑膠重複使用、製成再生品；還有團隊導入擴增實境、虛擬實境等新科技，採集地方故事、塑造沉浸式文化體驗。

旅遊局、新村發展部等政府單位亦整合資源，發展「新村好品」的品牌，並提供各種獎補助計畫，讓團隊申請。位於吉隆坡的沙叻秀新村，便申請新村發展部公共建設提升計畫，升級改造村內的圖書館；慘遭祝融的林明民眾圖書館，也正在進行重建，「愈在地，愈國際，當我們扎實地將在地化做好，國際的遊客、能量自然會湧入。」蔡依霖說。

借鏡台灣社造經驗

另外，新新村還積極與台灣的社區營造組織交流、合作。

像是自第一屆社區計畫大賽起，新新村便攜手駐馬來西亞台北經濟文化辦事處，舉辦「台馬社造學堂」，開辦社區營造相關課程。蔡依霖解釋，台灣投入社區營造已有三十年時間，從政策形成、補助陪伴、輔導機制到主題策展，都有豐富經驗能分享，「讓大家看到社區營造、地方創生領域的不同面向與見解。」加上馬來西亞華人新村的團隊都說華語，與台灣溝通無礙，新新村和財團法人台灣文創發展基金會、台灣社造聯盟亦經常互相拜訪。

目前，已有逾三十個單位入駐新新村聯盟。而新新村會與各社區組織溝通，了解計畫內容和面對的難題，接著扮演孵化器角色，深度協助社區落實各項計畫。今年，新新村進一步集結創立至今的成果，出版《社區造動》一書，作為日後投入社區營造、地方創生團隊的參考。

二〇二五年是「雪蘭莪州旅遊年」，年初接任雪蘭莪州旅遊局總執行長一職的蔡依霖，預計將整合各方資源，帶領遊客探索華人新村的文化與美食。

她透露，去玩就要吃，旅遊和美食是相依相伴，而馬來西亞有福建、閩南、客家、潮州等不同籍貫的華人新村，特色美食大不相同。像是新年期間，客家村的華人為了「補天」，有「吃年糕」的習俗；馬來西亞的國民早餐椰漿飯（Nasi Lemak），一般只加雞蛋、辣椒，但到十八丁漁村，可能會嚐到「小蝦」；雪蘭莪州的巴生，是肉骨茶的發源地，要是前往當地新村，一定能享用到道地的肉骨茶。

另外，受到高齡化、少子化影響，華人新村裡有些無人繼承、即將消失的老餐館、好滋味，改以私廚、共享廚房等形式再現，成為旅遊體驗的一部分，也是社區營造、地方創生可以發揮之處。

蔡依霖強調，地方創生做為社區營造的延伸，涉及經濟、商

一碗煎蕊，嚐到整個馬來西亞

Store　Cendol Tokong
Address　39, Jalan Mendaling,Bandar Kajang, 43000 Kajang, Selangor
Hours　10:00-17:30（週一店休）

炎炎夏日，到雪蘭莪州東南部的加影（Kajang）師爺宮後門長廊，來碗 Cendol Tokong 的煎蕊，是當地華人、馬來人、印度人和蔡依霖的一大樂事。

煎蕊，台灣人又稱「珍多冰」，是用刨冰加上溶入斑蘭葉汁的粉條、紅豆等食材，再佐以椰奶和棕櫚糖製成的馬來西亞傳統甜點冰品。

Cendol Tokong的老闆是印度裔的Syed Abu Thahir。一九八〇年代，他的爺爺就騎著台三輪車，在加影市中心沿街叫賣煎蕊；一九九六年，師爺宮管理委員會建議爺爺不如在宮裡安頓下來，他也從善如流，租下後門長廊的空間，賣起煎蕊、ABC 紅豆冰、印度羅惹麵、印度炒麵和炒米粉等甜點與熱食。

蔡依霖透露，她尤其喜愛原味煎蕊，而有人則喜歡點 ABC 刨冰，還會向老闆提出紅豆多一點、花生少一點等「客製化」需求。但最重要的是，師爺宮於光緒期間搭建、供奉仙四師爺，是馬來西亞華人社會的重要道教宮觀，居然讓印度回教徒在此「開檔」，還吸引馬來人去大啖甜品，「這種族群融合的場景，平常很難看到！」

Cendol Tokong，一個小小的檔口，不僅吸引加影人來此消暑、充電、聊八卦，還忠實呈現馬來西亞多元共融的一面。

業模式，但並非所有新村都適合以旅遊為核心，向下發展。

「最關鍵的事，還是要打造永續、宜居的社區，讓所有住在新村裡的居民，都能安居樂業。」W

「藝術」與「地方」或應該是彼此最忠誠的反對黨

評《瀨戶內國際藝術祭與地方創生》

藝術與地方的關係，真的如此琴瑟和鳴，或者已成為藝術單方面地向「地方」謙卑彎腰？當日本的藝術家質疑「藝術是否被地域振興工作『工具化』了？」台灣也應該想想藝術與地方的本質各自為何。

《瀨戶內國際藝術祭與地方創生》

作者	狹間惠三子
譯者	周奕君
出版社	馬可孛羅
出版日期	2025 年

text = 倪明
photography = Sia Sia Lee

二〇二五年，瀨戶內國際藝術季再次成為台灣旅人的熱門目的地。這句話不僅僅是同溫層的體感效應，也有強大的數據支持：《瀨戶內國際藝術祭與地方創生》一書第四章中，作者狹間惠三子明確地告訴我們，在二〇一九年外國遊客中，「主要來自台灣、中國、香港」。

這三地的遊客加起來，占遊客總數百分之七十之多。其中又以台灣的百分之三十五居冠。而在協助當地活動進行、深入當地社區的志工組織「小蝦隊」當中，來自台灣、香港、中國等亞洲地區的參與者，加起來也占了全體人數的一成。瀨戶內國際藝術祭對台灣人的精神影響，不言可喻。

在後續的章節中，狹間惠三子也訪問到，許多台灣人都對當地人表達過（甚至是主辦者北川富朗也曾聽一位「台灣企業主」說過類似的話），「想在自己的家鄉舉辦（這樣的藝術祭）」，這樣美好的夢想，初心無疑十分動人。

所以，在第一屆瀨戶內藝術祭（二〇一〇）上路整整十五年後，我們準備好誠實面對這個夢想、推動這個夢想更前進一步了嗎？

失去本質的藝術

在這裡，我們必須先肯定《瀨戶內國際藝術祭與地方創生》這本書的貢獻。例如第三章〈瀨戶內國際藝術祭的管理：營運、機制與建設〉中，詳實地記錄了藝術祭在二〇一〇年上路之前所克服的種種困難，這些困難包括但不止於：打造（真正有效的）官民協作機制、面對縣議會的批評並成功爭取預算等等。只要是真正有操辦過類似計劃的人，都可以從這些平實而無激情的文字當中，體會當初的驚心動魄與艱難。

然而現在是二〇二五年，沉浸在二〇一〇年的榮光中，無助於面對當前的困境。早在二〇一九年，日本藝術家田島悠史便曾引用藝術評論家藤田直哉的說法，提出一個宏大的疑問：

「藝術原本應該超越現世、成為承載某種力量的存在，但若成為地域振興的『工具』，是否會在這過程當中，失去了藝術的本質？」

這樣的提問，確實犀利地提出了「地域型藝術祭」在哲學上的悖論。本應該將「前衛」當作自身DNA，以接近天啟的姿勢，將藝術品創作出來並震懾人間的藝術家們，一旦到了充滿人間煙火氣、社會關係緊密的「地方」裡，究竟是能夠達到完美的調和，還是終究讓陽春白雪向下里巴人低頭，讓藝術成為了地方創生的工具？

這樣的提問，在台灣應該是極其罕見的。在過往的公共討論中，大家多半將焦點放在「藝術祭該如何捲動居民參與」、「藝術作品該怎樣讓當地居民有感」與「藝術祭該怎樣得到當地認同」。

仔細檢視這些問題，其實背後都源於幾個共同假設所建構出來的「地方認知」。首先，「在地民意」是一固定不變之物，需要藝術祭／藝術家去爭取認同與溝通；其次，藝術家應該彎腰取得在地的認同，「以藝術耕耘在地」（北川富朗語）；最後，除了來訪的遊客人次與國際評價之外，在地居民對藝術祭的看法，才是決定一個藝術祭成敗與否的（最）關鍵評分項目。

當然，基於民主原則，既然各地藝術祭勢必使用到各地的地方政府預算、公有空間，獲得居民一定的認同與支持，是藝術祭主辦者的義務。然而「藝術」與「地方」之間存在的天生張力，起碼必須在思想的層次上被清楚地指認出來。

張力產生的火花

在過往，「地方」上並不存在我們今日所定義的「藝術」，地方上所有的藝術，都是本於人們生存與信仰的活動而生。在現代化的暴力浪潮來襲之前，地方的人們在廟宇裡、勞動中實踐並安放他們的藝術衝動。

而在鄉村社會土崩瓦解之後，藝術成為一門專門的領域，脫離了生活，在城市裡、藝廊中、學院的高牆內、資本的評價體系中，尋找自身存在並變現的可能。然而，真正偉大的藝術家，便是意欲擺脫前述的這種系統，在一瞬間誠實地面對自我的存有，並將其化為藝術，為世人帶來審美與思想上的震撼，進而窺見未來。

換句話說，無論是怎樣親民、擅長社區參與的藝術家，在創作的瞬間，必然是孤獨的，甚至必須是獨裁的。若不如此，藝術的核心價值將不復存在。這與一個必須爭取地方議會認同、促進居民與藝術品的互動的精神狀態，實在是天差地遠。沒有任何一個人，甚至幾乎可以說，應該沒有任何一個組織，可以完美地同時調和這兩者。

當然，這也是「地域型藝術祭」一開始成功的關鍵。將彼此存在張力的「地方」與「藝術」並置，以地域型藝術祭作為一個方法，同時挑戰了「地方」與「藝術」兩種（早已築起高牆的）體制，進而在充滿張力的痛苦中，迸發出了精采的火花。

然而，當這樣的工作方法開始主流化之後，如果不斷地重複「藝術不是高高在上而是每個人的生活」（本書序言），最終我們是否會將最前衛、最精銳的藝術排除在地域型藝術祭之外？

如此一來，最初「地方」與「藝術」之間的迷人張力是否還存在？張力消失之後，接下來的地域型藝術祭，是否終將淪為毫無靈光的自我重複？

這是許多日本藝術家已經公開提出的疑問，也值得台灣認真思考，不能僅僅止於仰望「瀨戶內經驗」而已。在這意義上，《瀨戶內國際藝術祭與地方創生》只能是我們在二〇二五年的起點，一本基礎入門工具書，而遠遠不是終點。R

Japan
日本地味

是設計師，也是書店老闆，還是大樓管理員

帶路人・設計師雙人組tuii

text & photography = **蔡奕屏**

本室編集製作社代表。地方系文化研究者、台日地方創造性關係編輯者。二〇一七年渡日，目前暫居日本福岡，著有《地方編輯》、《地方設計》，日本地方觀察隨筆散見於各媒體。近期的關心主題是兩／多據點生活、何謂豐裕。

日本地方
設計旅行

佐賀篇

位於九州北邊，東臨九州重要樞紐福岡、左臨歷史重要節點長崎，因為夾雜在兩大縣之間，或許顯眼度無法匹敵兩端，存在感稍嫌不足，但若是講起陶瓷之都有田、唐津，或是溫泉之都武雄、嬉野，都是赫赫有名的地名，總是要猛然回首，才知道原來這些都是佐賀的腹地。比起觀光地的耀眼與名氣，佐賀縣的首府佐賀市又顯得格外寧靜，人口僅有二十多萬，是中小型的日本地方都市。在這樣迷你的規模下，近期開始有了設計師的返鄉，替這樣小巧的城鎮注入了新的能量。

對我來說，一切關於佐賀市的熱愛，似乎都濃縮在由佐賀在地設計師雙人組「對對／tuii」（以下簡稱 tuii）進駐、經營管理的「德久大樓（徳久ビル）」。說是大樓，但其實也就是個三層樓的老建築，但這三層建築，彷彿濃縮了 tuii 對於設計、對於地方的期待與共好世界觀。讓這座德久大樓從老舊建築，搖身一變，成為在地設計文化基地的，正是設計雙人組 tuii。

在認識之前，我也曾造訪佐賀縣境內多次，像是陶瓷產地有田燒或唐津燒、溫泉區嬉野，但一直沒有去過佐賀市。佐賀市就像一個遙遠又疏遠的名詞，似乎是個沒有要事，大家不會輕言前往的目的地。一直到應定居在佐賀市的攝影師藤本幸一郎之邀，我才第一次來到佐賀市。

那一次的佐賀之旅，透過藤本攝影師的介紹，拜訪了 tuii 的設計事務所，也參觀了 tuii 一手打造的書店 tuii books，和同時有著設計師與書店老闆身分的有趣設計師，一起喝了咖啡、吃了燒肉、喝了小酒，那天的許多酒酣閒聊，都成了下一次要再來訪、再多認識的伏筆。

tuii 由兩位設計師田中淳（以下簡稱田中）和伊藤友紀（以下簡稱伊藤）於二〇二〇年成立，兩位設計師的背景相近，都是佐賀出身、曾經各自離鄉到關東關西都市歷練設計工作，歸鄉佐賀後，也都經歷了四五年的自由接案設計經驗，最後在二〇二〇年以進駐德久大樓為契機，正式以雙人組形式組成團隊。

兩人都有著豐富的平面設計經驗，但在相近的領域之外，田中還擁有建築系的背景，因此具備空間設計的專業，伊藤則有編輯及網站設計經驗，兩人擁有能夠互相補足的不同專長，讓 tuii 的設計業務有著多元的發展。

1 | 2／擁有建築背景的田中淳被德久大樓特殊的氣質吸引，後來才知道是房東家族特地委由建築師朋友建造的建築。
3／書店 tuii books 與咖啡館 nowhere 的招牌。

是設計師也是書店老闆

雙人組成立後，除了設計業務的多元開展，更出乎意外地跨足了和設計業務看似無關的書店事業。

故事的開始，是田中在找尋設計事務所的辦公空間時，發現了有著特殊美感與潛力的德久大樓。大正時代建造的德久大樓，原本是攝影館，其後房東德久先生又在此經營印刷事業，本來因為年久失修，沒有要對外租借的打算，但在田中多次的拜訪與溝通之下，終於讓房東點頭答應。

租下三樓空間做為事務所之

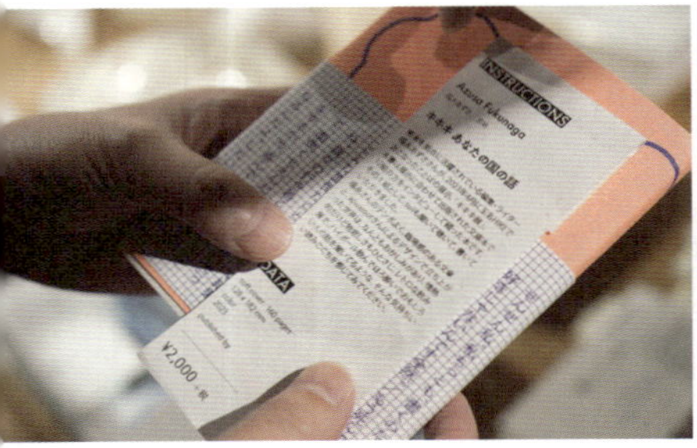

tuii books 的選書、書籍推薦小卡的撰寫和製作，都是由事務所的夥伴共同完成。

後，過了一陣子房東再加碼把一樓的空間也委託給tuii，請tuii成為二房東幫忙招租。「這樣一百坪的空間，要做什麼好呢？」tuii腦中的第一個想法，便是開書店。開書店的理由很簡單，因為佐賀市內當時沒有一間獨立書店，田中說：「要培育文化，書籍是重要的媒介。我們也是閱讀了很多書，從中吸收了許多養分。因此，書店是必要的，我們想開一間書店。」

但在這個時代，開書店除了夢想和使命之外，嚴峻的經營部分又該怎麼思考？tuii的解法是找來契合的咖啡店進駐，請咖啡店老闆幫忙「顧店」。那時候，剛好鄰近常去的咖啡店因為水災頻繁而苦惱著要搬家，tuii順勢提出邀請，促成了這段書店與咖啡店完美結合的緣分，而tuii就成了隱形的書店老闆，由新開張的咖啡店nowhere成為書店tuii books的代班店長。

雙贏的收租系統

細問之下，才知道tuii和咖啡店nowhere的關係非常有趣，咖啡店協助「顧店、顧書」的代勞費用，等同於咖啡店的租金費用，換言之，一正一負之下，對於咖啡店的平井老闆來說，顧書顧店的勞動，換得了免租金的空間租用。而對 tuii 來說，比起雇用一個書店店員，委託咖啡店的成本較低，「而且平井老闆也是編輯出身」，因此和書店的屬性意外契合，是書店代班店長的不二人選。

另一個同樣有趣的收租系統，是位於一樓的飯糰店「SHIROISHIMORI」（しろいしもり）。位在佐賀白石地區「半農半漁」的 SHIROISHIMORI，是 tuii 的設計老客戶，農友森卓也除了種稻，也在有明海培育海苔。半農半漁的事業逐漸上軌道後，森卓也開始有了結合農漁產業並開設飯糰店的想法，在和 tuii 商量之後，德久大樓的飯糰店 SHIROISHIMORI 正式開張。

SHIROISHIMORI 每一個月支付租金給 tuii，同等地，tuii 也每個月提供等價的設計服務給 SHIROISHIMORI，因此走進店裡，不管是店內的裝潢設計，還是飯糰與白米產品的設計包裝，都是出自 tuii 之手，「根本是 tuii 設計工作的 Show Room！」我心裡驚呼，實在太厲害了。

對 tuii 來說，比起都市裡隨處可見充滿設計感的店鋪空間，鄉下小鎮能襯托設計商品的店鋪顯得非常有限，為了打造一個能充分表現設計商品魅力的環境，於是和 SHIROISHIMORI 共同合作，孕育了這樣理想的店鋪空間。因此，縱使租金看似不合邏輯，看似 tuii 稍嫌吃虧，但和各店家的合作變成了一項長期的雙贏投資，也意外召喚了許多來訪客人的設計委託案。

串連在地創意工作者

tuii 的兩位設計師，都是有著返鄉十多年經驗、且擁有多年自由工作歷練的資深設計師。不知道是不是因為這樣身為返鄉設計師大前輩的身分，他們更有要帶領佐賀的創意工作者一起行動、一起開拓新可能的發想與計畫。

其中一個代表作，就是介紹佐賀淺山的系列小報《YAMAOSM》。這是tuii爭取到的佐賀縣專案，但tuii並沒有在自己的事務所內自行製作完成，相反的，他們號召了佐賀約二十多位相關的創意工作者，包括攝影師、插畫家、文字工作者、影像工作者等，甚至同業的設計師，一起加入這個專案的工作團隊。而編輯的過程也不是由tuii決定所有方向和細節，然後發包業務給大家，而是召集大家一同發想、討論，「那一陣子會議室從早到晚都有不同的人來來去去，一整天都有討論的會議。」

為什麼選擇這樣艱難的製作方式呢？不管是討論過程、製作過程的繁瑣，甚至是利益分配的考量，想起來都十分不合理。tuii的回應是：「佐賀有許多創意工作者，但大家基本上都是個體活動，這樣一來，地方整體其實沒辦法變得更好。但我們想，若是能夠集結大家一起做些什麼的話，點和點就有機會連成面。」那做完這兩期有感受到大家連成面的實際感受嗎？「當然有！而且大家連成面之後的影響力，真的超乎想像的強大。」田中補充。

持續行動的挑戰姿態

不管是經營書店、當起二房東活化老舊大樓、還是在自家專案中掌舵號召在地工作者一起加入，這些看似「不務正業」的工作，在tuii做起來卻好像一切順理成章。而tuii的計畫不僅是這樣，近期他們決定要另外成立一個更實作派的組織「工藝社」（名稱暫定），以回答長年在設計領域感受到「思考和實作之間距離太遠」的課題，他們希望不再是被動等待客戶

1 ／飯糰店 SHIROISHIMORI。
2 ／咖啡館 nowhere。
3 ／介紹佐賀淺山的系列小報《YAMAOSM》。
4 ／tuii 正著手新的工藝實作計畫，開發新型態的現代感人偶。

的委託，而是以更積極的立場，自行發現地方課題，自行以創意行動發想，並自己起身主動出擊。現階段他們已經和佐賀神埼市傳統工藝的人形（人偶）工房合作，連結知名插畫家，開發新型態的現代感人偶。

設計師自行開發產品、自行投入心力和資本，還要自行承擔風險，看起來就不是一條輕鬆的道路。但 tuii 表示，接下來的時代一定會迎來巨大的改變，在思考的部分，或許會由 AI 代勞，設計師要能夠回應更本質的事務，而「製作」就是其中一個方向。

此外，tuii 還希望未來能夠將這些成果，加上佐賀的夥伴們，一起踏出日本，到亞洲各地開拓新的可能，而他們透露，台灣便是他們一直期望可以創造更多合作與連結的地方。以這篇專欄為開端，希望台灣讀者能初步認識這組多方位發展的設計雙人組，進而創造更多 tuii 和台灣、和台灣地方設計更多連結的可能。J

tuii 推薦！兩天一夜佐賀市旅行

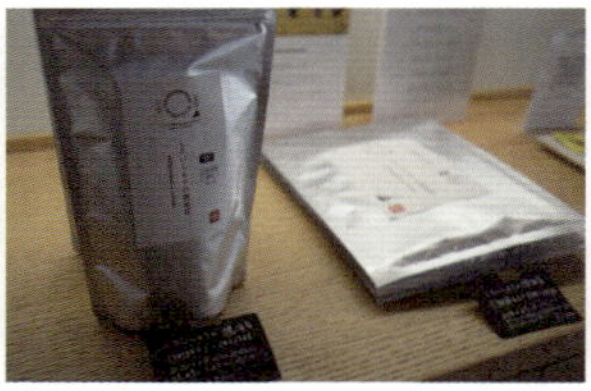

1／佐賀市內最老、有著一百三十多年歷史的老鋪旅館あけぼの。
2／佐賀的「惠比壽」堪稱日本第一多。
3／SHIROISHIMORI 除了是飯糰店，也是海苔店。
4／設計師北島先生經營的藝廊 Perhaps。

tuii

首先，第一天務必要住附近的「旅館あけぼの」，那裡可以算是佐賀市內最老、有著一百三十多年歷史的旅館，最近旅館內的餐廳也剛整修好，和式現代感，料理也很棒。

隔天呢，中午請去吃「文雅咖哩」，吃完咖哩還有胃口的話，可以來買 SHIROISHIMORI 的飯糰，或是到我們的 tuii books 喝杯咖啡。斜對面是和服店經營的喫茶店「蝙蝠」，可以在裡面一邊吃日式點心，一邊欣賞老闆收藏的藝術品。老闆是愛好文化的人，與日本民藝大師有來往，像是有民藝染色家芹沢銈介的作品等。其他徒步可達的距離還有藝廊「Perhaps」。或是可以移動得遠一點的話，還有「名尾手漉和紙」，或是佐賀近郊的山邊。

另外，佐賀還有一個特點，就是有全日本最多的「惠比壽」，因為佐賀是一個有許多水路的地方，而惠比壽被認為是跟水有關的神祇，因此可以在佐賀的路上看到許多惠比壽像。來佐賀的時候，也可以來一趟蒐集惠比壽的散步之旅！

達人帶路，佐賀不可錯過的設計據點

01.

tuii book

由tuii經營的書店。店裡的書籍都是tuii成員們的選書，許多書都有附上書評小語，是tuii夥伴掏心掏肺的感想與推薦。不得不說，這裡的選書品味極好，總會讓人意猶未盡。tuii說接下來預計擴張空間，增加藏書量。

書店之外，tuii也常常不定期在這個空間舉辦各種文化相關活動，期望讓這裡成為佐賀市的重要文化基地之一。

02.

nowhere

和tuii books一起異業合作、幫忙顧店顧書的咖啡店。nowhere搬來現址之前，已經累積許多忠實粉絲，因此現在店裡也總是充滿了常客的身影。有趣的是，客人們年齡層廣泛，從大學生、一般年輕人、親子家庭，甚至是爺爺奶奶，都是在nowhere可以看到的客群。店主平井老闆曾經在編輯產業，不定期出版小誌《nowhere 通信》，別具風格。

03.

SHIROISHIMORI

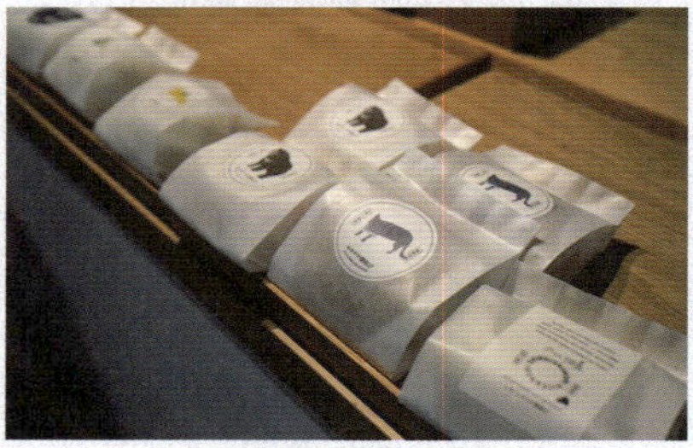

在佐賀白石地區種稻、也在有明海進行海苔養殖的「半農半漁」農友，將兩個事業結合的飯糰店。除了自家生產、自家自豪的米飯和海苔之外，更積極和佐賀其他生產者合作（牛肉、鯖魚、起司等），開發佐賀在地口味的飯糰。

一進到店裡，不管是店鋪設計，或是產品包裝等，都出自於 tuii 之手，是可以完整體驗 tuii 設計世界觀的旗艦級 Show Room。

04.

晴天的一日

（ある晴れた日に）

進駐在德久大樓二樓的服飾選物店。由店主高尾和夥伴河原所經營的帆布包品牌「CUBIE」為主，加上兩位精挑細選的服飾與飾品。帆布包的製作就在大樓二樓的另一角，生產和銷售零距離。

順帶一提，tuii 兩位設計師的相遇，促成其緣分的，就是這家店。當時店鋪的 LOGO 設計是伊藤負責、室內設計是田中負責，就是這次的合作，促成了 tuii 的成立。

05.

Perhaps

佐賀市內經營十多年、先鋒級的藝廊與藝術店鋪。店主北島先生也是設計師，和 tuii 不時有合作，像是佐賀淺山的系列小報《YAMAOSM》的封面，就是北島先生的設計。

北島先生和台灣也有許多緣分，多年前多次來到台灣參展，也曾和台灣藝術書籍出版社田園城市一起合作出版插畫書籍，和插畫家紅林是朋友，紅林也多次在 Perhaps 展出。

06.

名尾手漉和紙

（名尾手すき和紙）

佐賀市有著超過三百多年歷史的和紙工坊。有別於和紙工藝的分業制，佐賀縣的名尾和紙自一八七六年創業以來，走的是自己自足的生產路線：從和紙原材料（梶）的種植開始、收獲、浸泡蒸煮、手漉、乾燥，甚至產品的設計和販售都一貫自家進行。第七代職人谷口弦在工藝職人的身分之外，更創作了許多實驗性藝術品，以藝術家身分活躍於藝術領域，拓展工藝的不同可能。

飛地．離島書店

在東京找到屬於自己的離島

Store 飛地．離島書店
Address 東京都中野区大和町 1-67-6 MT コート 207
Hours 11:00-19:00（週一店休）
Instagram nowhere.rito.tokyo

text = 編輯部
photography = 樊穆妮

今年四月底，「飛地．離島書店」在東京高円寺書店街上開幕了。

這是一間「飛地書店」與「離島計畫 The Rito Project」（以下簡稱離島計畫）聯手打造的空間，由「飛地」與「離島」這兩個概念互文與共筆，成為東京眾多中文書店中，選書主題十分獨特的一道風景。

飛地書店自二〇二二年從台北出發，目前已經有清邁、海牙、東京四個文化交流場所；離島計畫則是由來自台灣的離島出版、馬祖西尾半島物產店、澎湖海鮮皇族，加上以東京為活動場域的藝術工作者、精通日文的飯糰師所組成。

許多初次來到店裡的客人，都會問，書店的名字代表什麼？飛地跟離島的關係是什麼？

離島計畫來自台灣的澎湖、金門、馬祖，除了地理上實存的離島之外，也是一種看世界的角度。在離島視角，世界是由海洋與群島所組成的，而非大陸所組成的。這與飛地書店一直以來的主張相符合：人們的來處、族群、出身，並不是唯一一種定義自身的方法。就

1｜2　1／店內舉辦的亞洲獨立小誌展。　2／飛地‧離島書店擁有東京數一數二多的繁體書。

像世界上所有離島，都可以是自己的本島。

而書店的選址位於高円寺，也與這家書店的性格頗有相似。高円寺常被稱為「不像東京的東京」，頗有繞過中心、讓邊緣地帶彼此交流，迸發出更多能量的離島性格。

對於東京人來說，JR中央線原本就是愛好藝術與文化人士的居住熱門地點，而高円寺的鮮明性格，甚至被稱為中央線上「東京人情味」的最後防線。

在全日本書店數量衰退之時，高円寺的書店量卻逆向上升。在書店叢林之間，古著店、黑膠唱片店與風格小藝廊比肩；與此同時，高円寺街道本身依然有滿滿生活感，家電行、平價商店、青果屋、鮮肉店在此齊飛，滿溢著隨性與浪漫的色彩。

飛地‧離島書店開幕以來，除了各自企劃的主題活動，也受邀參與高円寺的古本書市集，並在東京大學舉辦了多場大型演講。離島計畫與台灣國際紀錄片影展（TIDF）合辦東京離島影展，還在港區的文化空間SHIBAURA HOUSE舉辦了「離島飯糰會」，飛地書店團隊則安排了香港歌手黃耀明在池袋的小聚，並每週固定放映當代中國紀錄片。

除此之外，離島計畫開始以東京為據點，支持「遣島使」往傳奇的地方創生離島「海士町」交流，真正做到：讓台灣離島與日本離島以東京為中介站，進行「繞過中心」的多中心交流。

書店小而溫馨的空間、略為隱密的入口，彷彿走入了別人家的書房。然而，在廣場崩壞的此刻，也許造訪一處如飛地、也似離島一般的獨立書房，將會是一個重建世界的好主意。S

地味手帖 19

Life Between the Lines

小鎮的冰店

The Geography of Ice

總編輯｜何欣潔
主編｜歐佩佩
協力編輯｜林容年

封面設計｜洋蔥設計
內頁設計｜青春生技
封面攝影｜ Sia Sia Lee
封底攝影｜ Kris Kang

出版｜裏路文化有限公司
地址｜新北市新店區民權路 108-3 號 8 樓
電話｜（02）2218-1417

發行｜遠足文化事業股份有限公司（讀書共和國出版集團）
地址｜ 231 新北市新店區民權路 108-2 號 9 樓
電話｜ (02) 2218-1417 傳真｜ (02) 2218-1142
電子信箱｜ service@bookrep.com.tw
郵政帳號｜ 19504465（戶名：遠足文化事業股份有限公司）
客服電話｜ 0800-221-029 團體訂購｜（02）2218-1717 分機 1124
網址｜ www.bookrep.com.tw
法律顧問｜華洋法律事務所／蘇文生律師
印製｜沐春行銷創意有限公司
初版一刷｜ 2025 年 8 月

定價｜ 420 元
ISBN ｜ 978-626-99397-2-5
書號｜ 2JJM0029

國家圖書館出版品預行編目資料

小鎮的冰店／何欣潔總編. － 初版. － 新北市：裏路文化有限公司出版：遠足文化事業股份有限公司發行，2025.08
128 面; 18x23.6 公分. －（地味手帖; 19） ISBN 978-626-99397-2-5(平裝)
(1)社區發展 (2)餐飲業 (3)人文地理 (4)歷史
545.0933 114010514